Collection

AUX SOURCES DE LA TRADITION

PYTHAGORE
Un dieu parmi les hommes

Dans la même collection

NICOLAS FLAMEL, Écrits alchimiques

JAMBLIQUE, Les Mystères d'Égypte

ORPHÉE, Poèmes magiques et cosmologiques

La Sagesse des Chaldéens

PTOLÉMÉE, Manuel d'astrologie. La Tétrabible

HERMÈS TRISMÉGISTE, La Table d'Émeraude

Manuel de magie égyptienne

Pythagore, un dieu parmi les hommes

HERMÈS TRISMÉGISTE, Les Trois Révélations

PYTHAGORE

Un dieu parmi les hommes

Préface et choix de textes
par
Alexandre Hasnaoui

2e tirage

LES BELLES LETTRES

2007

www.lesbelleslettres.com

Pour consulter notre catalogue
et être informé de nos nouveautés
par courrier électronique

Première édition 2002

ISBN : 978-2-251-47008-5

Préface

par

Alexandre Hasnaoui

Il ajouta qu'il était venu pour prendre soin des hommes et leur prodiguer des bienfaits, et que s'il avait pris une forme humaine, c'était pour éviter que, décontenancés par sa supériorité, les humains ne fussent troublés et ne se détournassent de l'enseignement qu'il offrait.

Jamblique, *VP* § 92.

À propos de dieux et de dogmes divins ne mets en doute aucune merveille.

Jamblique, *Pr.* § 21, symbole 25.

Le fermé, *l'ouvert.* Entre les deux, le lien. Une secte fermée sur elle-même, mais s'investissant dans les affaires publiques ; une société secrète, ouverte à tous ceux qui en sont dignes, étrangers, femmes et esclaves compris ; des exotériques, des ésotériques, et une « amitié de tous pour tous » ; un *homme-*

dieu, un *dieu*-homme. L'ouvert, *le fermé*. L'illimité, la limite ; le pair, l'impair ; la femelle, le mâle ; la terre, le ciel. L'humain, le divin ; entre les deux, Pythagore, l'envoyé des dieux.

Les Grecs ont toujours cru aux « révélations faites par les dieux à certains hommes inspirés, de préférence aux origines des différents peuples, qu'il s'agisse de législateurs, de poètes, et finalement de philosophes comme Pythagore. [...] On essaie toujours de remonter aux origines de la tradition, de Platon à Pythagore, de Pythagore à Orphée »[1].

Retrouver la philosophie de Pythagore c'est donc renouer le lien qui, de la singularité de l'humain, peut nous élever jusqu'à l'universalité du divin. Le préambule de la *Vie de Pythagore*[2] de Jamblique est, de ce point de vue, exemplaire de cette démarche : « Dans toute entreprise de philosophie, c'est la coutume de tout le monde, au moins chez les sages, d'invoquer l'aide de dieu ; mais dans le cas de la philosophie qui porte à juste titre le même nom que Pythagore, lequel était surnommé divin, il convient encore plus de le faire : en effet, comme cette philosophie a été enseignée à l'origine par les dieux, il n'est pas possible de s'en saisir autrement que par l'entremise des dieux. En outre, aussi bien la beauté de cette philosophie que sa grandeur dépassent par trop les capacités humaines, pour que l'on puisse l'embrasser d'un seul coup, mais c'est seulement si un dieu, dans sa bienveillance, l'enseigne progressivement, que l'on pourra en saisir quelque chose » (§ 1).

1. P. Hadot, *Qu'est-ce que la philosophie antique ?*, Paris 1995, pp. 235-236. Sur le lien Pythagore/Orphée, cf. les §§ 145-146 de la *VP* de Jamblique. L. Brisson et A.-Ph. Segonds rappellent, dans leur introduction à *Jamblique. Vie de Pythagore*, pp. L-LVIII, ce passage de la *Théologie platonicienne* de Proclus : « Toute la théologie grecque est fille de la mystagogie d'Orphée ; Pythagore avait repris d'Aglaophamos les initiations relatives aux dieux, Platon ensuite a reçu des écrits pythagoriciens et orphiques la science toute parfaite qui les concerne » (I 5, 25.26-26.24).

2. Dans la suite du texte, nous abrégeons ce titre en *VP*.

Pythagore et les pythagoriciens

Pythagore

Pythagore est originaire de Samos en Asie Mineure. Il serait né entre 558 et 590[3] ; ses parents seraient Mnémarque et Parthénis/Pythaïs. Pour Jamblique, si Pythagore est humain de corps, son âme, elle, est associée à Apollon : il est un être démonique envoyé par le Pythien auprès des hommes pour les éclairer et leur faire don de la philosophie (*VP* §§ 7-8)[4]. À l'âge de dix-huit ans, il quitte Samos pour commencer sa formation : il passe quatre ans auprès des sages grecs et des sages phéniciens. Il est ensuite initié aux mystères de Tyr, puis à ceux d'Égypte et enfin il séjourne douze ans à Babylone auprès des mages. À son retour à Samos, Pythagore est âgé de cinquante-six ans. Au bout d'un certain temps, alors que sa gloire s'est répandue dans toute la Grèce, il quitte sa patrie et part pour l'Italie du Sud et séjourne notamment à Crotone. Son œuvre de prédication, visant à instaurer une nouvelle règle de vie, lui permet de conquérir un grand nombre de fidèles et de jouer un rôle politique fondamental en Italie du Sud et en Sicile. Il fonde une communauté inextricablement religieuse et politique. Mais celle-ci disparaît lors d'un soulèvement populaire contre les pythagoriciens, qui furent massacrés. Les survivants se séparèrent et se mirent à écrire, sur un mode énigmatique et symbolique, des Mémoires ou « aide-mémoire » (*hypomnemata*) ; ceux-ci devaient, à l'origine, rester secrets mais

3. Cf. L. Brisson et A.-Ph. Segonds, Introduction à *Jamblique. Vie de Pythagore*, p. XXXI.

4. Cf. également le § 31, où Jamblique rapporte cette phrase d'Aristote : « Dans le vivant rationnel, il y a d'un côté le dieu, de l'autre l'homme, et enfin l'espèce du type de Pythagore ». Sur ce thème voir D. J. O'Meara, *Pythagoras Revived. Mathematics and Philosophy in Late Antiquity*, Oxford 1989, pp. 36-39.

furent divulgués avec le temps. Et c'est ainsi que, par le biais de ces fameux *sumbola*, nous pouvons encore connaître en partie l'enseignement du Maître. Quant à la mort de Pythagore, nous en avons, comme on le verra, plusieurs versions différentes.

Pythagore est le premier à s'être qualifié de « philosophe ». Il est réputé avoir pratiqué de façon exemplaire toutes les vertus : piété, sagesse, justice, maîtrise de soi, courage et amitié.

Les disciples

L'entrée dans la secte pythagoricienne faisait l'objet d'un rituel d'initiation qui, par certains aspects, rappelle ceux des mystères. Pythagore examinait soigneusement les antécédents du postulant, son caractère, sa famille, son éducation. Le corps du postulant devient un langage et ses traits physiques les symptômes de ses traits de caractère, et des vertus de son âme : le maître faisait en effet usage de la physiognomonie. Le postulant était ainsi soumis à une période probatoire de trois ans. S'il réussissait et était jugé digne d'intégrer le groupe, il entrait dans ses rangs en qualité de disciple exotérique. Venait alors une période de cinq ans durant laquelle il écoutait les leçons de Pythagore sans jamais voir le Maître qui restait dissimulé derrière un rideau. À l'issue de ces cinq années, il devenait un disciple ésotérique et avait alors un accès direct au Maître.

Les ésotériques étaient divisés en deux groupes : *acousmatiques* et *mathématiciens*. Aux acousmatiques – aussi appelés administrateurs, législateurs ou politiques – il enseignait ce qu'il fallait faire sans leur donner, en raison de leur âge et de leur absence de loisir, les démonstrations mathématiques et les raisons : l'enseignement qu'ils recevaient consistait en une série de maximes orales (*akousmata*, *sumbola*) ; quant aux mathématiciens, jeunes et disposant du temps nécessaire, il les instruisait entièrement au moyen des mathématiques.

Pythagore considérait les mathématiciens comme supérieurs aux acousmatiques.

Les acousmatiques s'occupaient de la gestion concrète des affaires publiques et de celles de la secte, tandis que les mathématiciens consacraient leur temps à l'étude.

Le ciment de cette communauté était l'amitié, entendue comme principe *cosmo*-politique et universel, que Jamblique définit parfaitement au § 229 de sa *VP* :

> Pythagore a enseigné de la manière la plus explicite l'amitié de tous pour tous : des dieux pour les hommes grâce à leur piété et leur science du culte ; des doctrines les unes avec les autres et, en général, de l'âme avec le corps, de l'espèce rationnelle de l'âme avec les espèces non rationnelles grâce à la philosophie et à son étude ; des hommes les uns avec les autres : des citoyens grâce à un salutaire respect de la législation, des membres de groupes ethniques différents grâce à la connaissance correcte de la nature ; du mari avec l'épouse, les enfants, les frères et les gens de la maison, grâce à une communauté indéfectible. Bref, une amitié de tous avec tous, et même avec certains êtres privés de raison une amitié grâce à la justice, grâce à l'existence de liens que tisse la nature et grâce à une communauté.

Les règles pratiques et les symboles

Cette vie en commun était articulée autour de règles et de préceptes pratiques qui comportaient notamment des interdits alimentaires (dont le plus célèbre concerne les fèves – on trouvera plusieurs explications de cet interdit dans les différents textes que nous présentons). Le végétarisme et l'interdiction des sacrifices sanglants étaient modulés en fonction des groupes de disciples. Ainsi, le végétarisme semble avoir été atténué pour les acousmatiques ; il leur était aussi permis de sacrifier, avec parcimonie, des êtres animés.

La pratique du secret, autre point pour lequel les pythagoriciens étaient célèbres, revêt deux aspects. Le premier est un principe de fermeture et de non-communication ; il se traduit par le silence envers les non-adeptes : on ne révèle pas n'importe quoi à n'importe qui (cf. les symboles 21 et 28 dans la liste du *Protreptique* et leur interprétation, ainsi que les §§ 75-78 de la *VP* de Jamblique, 19 et 42 de celle de Porphyre, 42-43 de Diogène Laërce) ; le deuxième est un principe de communication opaque et symbolique. Le premier est un principe de défense ; le second, un principe de préservation. L'un est, pourrait-on dire, passif ; l'autre, actif. C'est Jamblique qui en donne la description la plus précise (*VP*, §§ 104-105) :

> [Tous ces hommes] ne rendaient pas d'emblée compréhensibles à leurs destinataires, en utilisant la langue commune, ordinaire et comprise de tout le monde, dans le but de rendre facilement accessible ce qu'ils voulaient dire, leurs discussions et leurs entretiens mutuels, leurs mémoires et leurs notes, et même les écrits qu'ils avaient déjà composés et tous ceux qu'ils avaient diffusés (dont un bon nombre d'ailleurs sont parvenus jusqu'à nous), mais, obéissant à la règle des mystères divins, que leur avait prescrite Pythagore, suivant laquelle il faut « tenir sa langue », ils recouraient au secret pour parler devant des non-initiés et dissimulaient au moyen de symboles les discussions qu'ils avaient entre eux comme leurs écrits. Et à moins de les interpréter et de les <saisir> au moyen d'une interprétation qui ne donne pas prise au sarcasme, après avoir fait un choix parmi les symboles en question, ce qu'ils disent apparaîtrait au commun ridicule et digne d'histoires de bonne femme, plein de niaiserie et de bavardage. En revanche, lorsqu'ils sont interprétés comme doivent l'être des symboles, au lieu de rester obscurs pour la plupart des gens, ils deviennent transparents et lumineux, comparables à des prophéties ou aux oracles d'Apollon Pythien ; ils révèlent une pensée étonnante et produisent une inspiration démonique chez ceux des amateurs d'étude qui se sont donné la peine de les comprendre.

Le mode de communication des pythagoriciens était donc symbolique et énigmatique (nouvelle parenté avec les cultes à mystères). Rappelons qu'à l'origine, le terme *sumbolon* désigne la tessère d'hospitalité rompue en deux que deux familles ou individus utilisaient comme signe de reconnaissance et d'amitié (en réunissant les deux moitiés ; le lien se refait donc par la césure, puisque c'est sa forme unique qui détermine la concordance des deux parties)[5]. Par analogie, tout signe, tout message[6] dont le sens véritable est coupé du signifiant immédiat (là encore, l'exhortation à comprendre et à interpréter et la vérité jaillissent de la césure, de l'entre-deux qui sépare le signifié de son signifiant véritable) et qui est donc susceptible d'un double niveau d'interprétation (le niveau le plus superficiel pour les non-initiés, le plus profond étant réservé aux initiés qui seuls en ont la clé) est appelé « symbole ». Pour être efficace, le symbole doit être anodin, trivial, ne pas attirer l'attention et ressembler à ce que Jamblique appelle des « histoires de bonne femme » (cf. texte cité *supra*). Selon le même Jamblique, c'est d'Égypte, patrie des mystères, que Pythagore aurait rapporté l'idée d'un enseignement par symboles et énigmes (cf. *VP* §§ 20 et 103).

Nos meilleures sources pour les symboles sont les §§ 41-43 de la *VP* de Porphyre, les §§ 82-86 de celle de Jamblique, ainsi que le chapitre 21 de son *Protreptique*, et les §§ 17-18 et 33-35 du livre VIII des *Vies* de Diogène Laërce.

Enfin, comme le remarquent L. Brisson et A.-Ph. Segonds[7], les pythagoriciens se constituèrent en quelque sorte leur propre langage à l'intérieur de la langue grecque (plus précisément du dialecte dorien). Ils inventèrent de nombreux termes, comme « philosophie », « amitié » (*philia*), « cosmos », « être », « tétrade », « Grande Grèce » ; et ils employaient certains mots courants dans un sens bien particulier.

5. Cf. Platon, *Banquet* 191 d.

6. Il faut noter que ces signes et symboles pouvaient aussi servir de *symbole* au sens primitif, notamment lorsqu'ils étaient utilisés comme mots de passe.

7. L. Brisson et A.-Ph. Segonds, *ibid.*, pp. XLVII-XLVIII.

Les communautés politiques

Les pythagoriciens, à l'époque de Pythagore et après lui, exercèrent une influence politique sur plusieurs cités du sud de l'Italie. Après l'échec de cette activité politique, il a existé, aussi bien dans le sud de l'Italie que dans le reste de la Grèce, des communautés pythagoriciennes qui menèrent une vie ascétique. L'idée fondamentale de la politique pythagoricienne est que le pouvoir doit revenir à ceux qui détiennent un savoir dans lequel science et religion sont les deux faces d'une même réalité.

Présentation des textes

Le choix de textes que nous proposons est centré sur la *VP* de Jamblique ; les autres textes viennent compléter ce premier texte, dont nous reproduisons les trois-quarts environ. Le souci qui a présidé au choix des textes a été d'éviter, dans la mesure du possible, les répétitions, qui sont abondantes (notamment dans le texte de Jamblique), et de faire en sorte que ceux-ci s'éclairent et se répondent les uns les autres.

À l'exception du texte de Diogène Laërce, dont le statut est ambigu (voir *infra*), et de celui qui est tiré du *Protreptique à la philosophie* de Jamblique, les œuvres que nous présentons appartiennent toutes au genre des Vies de philosophes[8] et relèvent de la rhétorique de l'éloge[9]. Ce genre très codifié reposait sur la présentation des actions et des paroles d'une

8. Voir l'article de R. Goulet, « Les Vies de philosophes dans l'Antiquité tardive » dans *Études sur les Vies de philosophes de l'Antiquité tardive. Diogène Laërce, Porphyre de Tyr, Eunape de Sardes*, Paris 2001, pp. 3-63.

9. Cf. l'ouvrage de L. Pernot, *La Rhétorique de l'éloge dans le monde gréco-romain*, Paris 1993.

personne et comprenait les *topoi* suivants : origine, famille, qualités physiques/qualités de l'âme, éducation, actions et vertus (ce *topos* étant lui-même organisé selon le schéma des quatre vertus cardinales), mort et événements qui l'ont suivie.

Ces Vies, malgré une prétention affichée à l'objectivité et à la vérité, obéissaient à un souci d'édification morale et relèvent *in fine* du genre de l'exhortation (protreptique). Comme l'écrit R. Goulet, « on n'écrit pas la vie d'un philosophe comme celle d'un général ; la réussite d'un philosophe est toute intérieure et sa vie ne présente de l'intérêt qu'en tant qu'illustration d'une doctrine et d'une règle de vie. La biographie, dans cette perspective, ne se réduit pas à fournir des modèles de vie ; elle a une fonction protreptique, en ce qu'elle présente, incarnés dans la personnalité d'un fondateur ou d'un maître éprouvé, la conception du monde, le mode de vie et la fin que propose telle école particulière. [...] La biographie d'un philosophe propose donc un modèle philosophique qui est implicitement ou explicitement une invitation à la philosophie. Mais dans la tradition pythagoricienne et néoplatonicienne, l'évaluation d'une vie réussie ne se limite pas à l'examen de critères purement intellectuels et moraux. Plusieurs de nos biographies dépassent donc le niveau purement humain. [...] À l'époque impériale, l'idéal philosophique prend, en effet, une coloration nettement religieuse. Le philosophe n'est pas seulement un exemplaire achevé de l'idéal humain ; il dévoile, par son pouvoir extraordinaire, ses dons divinatoires et les attestations qui sont données de la béatitude dont il jouit après sa mort, la condition divine que la voie philosophique lui a permis d'atteindre. En cela, les Vies de philosophes ne font que traduire une orientation fondamentale de la philosophie de l'époque. Dans la vie du philosophe est actualisé, plus ou moins fugitivement, le moment eschatologique de la rencontre de l'homme avec la divinité, l'*homoiôsis theôi kata dunaton*. De ce point de vue, le philosophe est plus qu'un simple exemple à imiter. Il révèle par sa propre vie la destinée religieuse que l'homme peut espérer atteindre par la pratique de la vie philosophique »[10].

Autre point qui a son importance, ces textes sont des témoignages tardifs. Ils datent tous probablement du IIIe siècle de notre ère. Pour les courants philosophiques de cette époque, qui, au travers d'un certain style de vie, se donnaient comme fin l'assimilation de l'homme à la divinité, Pythagore était à la fois le fondateur de l'école, le promoteur d'un comportement religieux centré sur une communication intime avec les dieux et l'incarnation évidente de l'idéal pythagoricien ; « la biographie devenait ainsi l'expression de la foi religieuse de la communauté pythagoricienne. [...] L'évocation de la vie du fondateur met en lumière l'origine divine, révélée, de la doctrine et du mode de vie pythagoriciens ; elle donne une forme visible, aux yeux de la communauté, à un idéal élevé que l'adepte a besoin de savoir réalisé »[11].

Ces écrits ont donc une portée religieuse et une dimension mystérique. Ils révèlent ce qu'est le fondement de l'activité philosophique qui se résout ultimement en une mystagogie[12]. Il faut noter que toute l'initiation des disciples de Pythagore telle qu'elle est décrite par Jamblique (*VP* §§ 72-74), avec la vision du Maître comme couronnement de la phase d'initiation et comme marque d'un changement de statut (puisqu'ils devenaient alors des ésotériques et avaient le droit de suivre l'enseignement de Pythagore en passant de l'autre côté du rideau qui les séparait auparavant de lui), « rappelle peut-être l'époptie des mystères »[13]. Jamblique commence la *Vie de Pythagore* en

10. R. Goulet, art. cité, pp. 19, 22-23.

11. R. Goulet, *ibid.*, pp. 23 et 32.

12. Voir les pages très éclairantes que L. Brisson et A.-Ph. Segonds consacrent à ce thème dans leur introduction à *Jamblique. Vie de Pythagore*, pp. L-LVIII.

13. A.-J. Festugière, « Sur le "De Vita Pythagorica" de Jamblique », *Études de philosophie grecque*, p. 451.

écrivant que, puisque la philosophie de Pythagore « a été enseignée à l'origine par les dieux, il n'est pas possible de s'en saisir autrement que par l'entremise des dieux » (§1).

Il ne faut pas non plus écarter la dimension antichrétienne de ces écrits qui décrivent des hommes divins et présentent ainsi une « antithèse païenne au Jésus des chrétiens »[14].

On lira avec profit le texte d'A.-J. Festugière intitulé « Le renouveau du pythagorisme » que nous reproduisons en postface et qui offre une description très éclairante du climat intellectuel et religieux qui régnait au sein du monde gréco-romain au début de notre ère.

Jamblique

Du « divin Jamblique » on sait peu de choses. Il est né à Chalcis en Coelé-Syrie d'une famille princière d'Émèse. Les dates habituellement retenues pour sa vie sont *ca.* 245-*ca.* 325.

Élève d'Anatolius, à Césarée, puis de Porphyre, à Rome, il fonda une école platonicienne à Apamée en Syrie. C'est lui qui, en mettant l'accent sur l'unité thématique (le *skopos*, la visée) de chaque dialogue, mit en place le canon des études philosophiques en établissant un ordre systématique de lecture des dialogues de Platon[15]. De ses œuvres (en majorité des

14. R. Goulet, art. cité, p. 25.

15. Le texte fondamental est le § 26 des *Prolégomènes à la philosophie de Platon* (texte établi par L. G. Westerink et traduit par J. Trouillard et A.-Ph. Segonds, Paris 1990). Cf. aussi les pp. 128 à 141 de l'étude de K. Praechter, « Richtungen und Schulen im Neuplatonismus » dans *Genethliakon für Karl Robert*, Berlin 1910, ainsi que l'introduction de L. G. Westerink aux *Prolégomènes*, pp. LXIX-LXXIV, et l'article de A.-J. Festugière, « L'ordre de lecture des dialogues de Platon aux V/VIe siècles » dans les *Études de philosophie grecques*, pp. 535-550. J. Dillon, *Iamblichi Chalcidensis in Platonis dialogos commentariorum fragmenta*, introduction, p. 56, écrit : « *His main contribution* [*i.e.* celle de Jamblique], *I feel, was the concept of the unity of the* skopos, *the subject, of each dialogue, and the laying down of a canon of dialogues in a definite order, to constitute a complete teaching course in Platonic philosophy* ». Cf. également D. J. O'Meara, *Pythagoras Revived*, p. 97 : « *This canon*

commentaires aux œuvres de Platon et d'Aristote) ne nous restent la plupart du temps que des fragments. Parmi les quelques œuvres qui nous sont parvenues entières figurent la *Réponse d'Abammon à la lettre de Porphyre à Anébon et solution des difficultés qui s'y trouvent* (plus connue sous le titre *Des mystères d'Égypte*), un traité *Sur l'âme* (dont nous avons conservé de larges fragments) et quatre livres d'un vaste ensemble de dix ouvrage consacrés au pythagorisme, parmi lesquels figuraient la *Vie de Pythagore* et le *Protreptique à la philosophie*.

La *Vie de Pythagore*

Le titre de l'ouvrage est à la fois incertain et ambigu : il peut être traduit par *Vie de Pythagore* ou *Vie pythagoricienne* (c'est-à-dire *Genre de vie pythagoricien*)[16]. Cette ambiguité reflète bien ce qu'était le dessein de ce genre d'ouvrage, tel que nous l'avons rappelé *supra*.

Les dix (nombre parfait) livres « pythagoriciens » de Jamblique étaient regroupés en une collection dont le titre est lui aussi incertain (elle pourrait s'intituler *Sur l'école pythagoricienne*). Elle contenait les ouvrages suivants : 1. *Vie de Pythagore* ; 2. *Protreptique à la philosophie* ; 3. *Sur la science mathématique commune* ; 4. *Sur l'*Introduction arithmétique *de Nicomaque* ; 5. *Sur la science de l'arithmétique dans le domaine de la physique* ; 6. *Sur la science de l'arithmétique dans le domaine de l'éthique* ; 7. *Sur la science de l'arithmétique dans*

consisted of two cycles, the first including ten dialogues [...], *the second comprising two dialogues* [...] *which sum up the first ten dialogues* [...]. *This arrangement is hardly arbitrary. Its closest analogue is mathematical : the decad that comprises all numbers, and the first two numbers, the monad and dyad, that pre-contain and produce all other numbers. Porphyry, it might be recalled, had also organized Plotinus' treatises in his edition along numerical lines, dividing them into six sets of nine ("Enneads")* ».

16. Sur ce point, voir L. Brisson et A.-Ph. Segonds, Introduction à *Jamblique. Vie de Pythagore*, p. XVIII.

le domaine de la théologie ; 8. *Sur la géométrie chez Pythagore* ; 9. *Sur la musique chez Pythagore* ; 10. *Sur l'astronomie chez Pythagore*. Seuls les quatres premiers livres nous sont parvenus[17].

La « Collection pythagoricienne » appartiendrait au genre littéraire de l'introduction, *eisagoge*. Car cet ensemble ne couvre pas la totalité de ce qui est, pour Jamblique, la vraie philosophie : il ne traite pas de l'intelligible et du divin[18]. « La philosophie pythagoricienne ne pouvait être considérée que comme une préparation à la véritable philosophie, celle de Platon. Après avoir fait l'éloge de son fondateur, et après avoir exhorté à

17. Sur la date de composition ou du moins d'élaboration du projet général, cf. D. J. O'Meara, *Pythagoras Revived*, pp. 30 et 91 sqq., qui penche pour une prériode tardive de la vie de Jamblique, après sa rupture avec Porphyre et la fondation de sa propre école en Syrie, soit entre *ca*. 280 et 325. Plus généralement, on lira les pp. 30 à 105 du livre d'O'Meara pour un exposé complet et pénétrant sur la « Collection pythagoricienne » de Jamblique.

18. Quelle place Jamblique accordait-il à cette « Collection pythagoricienne » dans son *cursus* d'études et au pythagorisme dans l'ensemble de la philosophie ? Il faut bien avouer que la question est diffcile, pour ne pas dire impossible, à démêler. Deux hypothèses ont été formulées : 1) celle de J. Dillon (op. cit., pp. 19-21), reprise et accentuée par L. Brisson et A.-Ph. Segonds (op. cit., p. 16), pour qui l'ensemble pythagoricien représente une introduction à la philosophie de Platon (et effectivement, nous savons que les questions protreptiques et isagogiques ont longtemps occupé Jamblique) ; 2) celle de D. J. O'Meara (op. cit., pp. 91-101 et surtout 98-100), pour qui la série pythagoricienne, couronnée par le *Peri theou* (*theôn* ?), serait aussi complète que la série Aristote-Platon. Nous aurions alors des séries équivalentes en dignité, parallèles et complémentaires. Les deux hypothèses sont intéressantes, mais soulèvent des problèmes. Considérons deux points étranges et formulons une autre hypothèse. Les points étranges, les voici : nous n'avons pas, ou quasiment pas d'échos ultérieurs de ce long *cursus* pythagoricien ; d'autre part, s'il est presque certain (pour des raisons philosophiques et arithmologiques) que le projet de Jamblique prévoyait bien un ensemble pythagoricien en dix livres, nous n'avons gardé aucune trace (hormis leurs titres) des trois derniers. Peut-être n'ont-ils jamais été écrits. D'où l'hypothèse suivante : le long *cursus* qui, partant de Pythagore, aurait abouti au traité *Sur le dieu*, représente peut-être un état final de la pensée de Jamblique, un projet qu'il n'aurait pu mener à bien et qui aurait abouti à une réévaluation du *cursus* aristotélicien et platonicien que nous connaissons bien par la tradition néoplatonicienne ultérieure (à moins qu'à l'inverse, il ne représente une version intermédiaire de sa pensée, abandonnée en chemin et donc laissée inachevée).

pratiquer une philosophie pythagoricienne dont on donnait un aperçu dans le domaine de l'arithmétique en soi et de ses rapports avec la physique, l'éthique et la théologie et dans les domaines de la géométrie, de la musique et de l'astronomie, on passait à la lecture des dialogues de Platon, qui ouvrait sur le domaine de l'intelligible et qui se terminait sur le *Timée* et surtout le *Parménide* et qui, ainsi, culminait non seulement sur l'Un, au-delà de l'Être, mais sur l'Ineffable au-delà de l'Un, le sommet même de l'enseignement philosophique. Bref, la philosophie pythagoricienne [...] n'est qu'une préparation à la véritable philosophie, celle de Platon. D'ailleurs Platon lui-même dans la *République* donne un rang de préparation aux disciplines mathématiques en vue de l'initiation philosophique. Et c'est probablement ce programme que Jamblique a voulu réaliser à sa manière dans son école »[19].

A.-J. Festugière écrit de l'ouvrage de Jamblique que « l'objet principal de l'auteur n'est pas tant de prouver que les vertus du sage attestent sa déité – conclusion sans doute admise – que d'insister sur ces vertus mêmes, de présenter à nouveau une sorte de programme de la sagesse païenne, comme si cette sagesse était attaquée »[20]. Et L. Brisson et A.-Ph. Segonds remarquent, à ce sujet, que l'ouvrage de Jamblique « s'apparente aux Vies de saints que commençaient alors à composer les auteurs chrétiens, ses contemporains »[21].

Le *Protreptique à la philosophie*

Comme nous l'avons vu, le *Protreptique* faisait lui aussi partie de la « Collection pythagoricienne » composée par

19. L. Brisson et A.-Ph. Segonds, Introduction à *Jamblique. Vie de Pythagore*, p. XVI. Cf. également D. J. O'Meara, *Pythagoras Revived*, pp. 88-91.
20. A.-J. Festugière, art. cité, p. 441.
21. L. Brisson et A.-Ph. Segonds, *ibidem*, p. XIX.

Jamblique, et il en constituait le deuxième moment[22], celui de l'exhortation à la philosophie et au genre de vie philosophique. Après un premier temps d'exhortation à l'acte de philosopher en général, l'ouvrage se termine sur l'exhortation proprement pythagoricienne (il s'agit du chapitre 21, que nous reproduisons ici). C'est dans cette dernière partie que l'on trouve une mention du traité *Sur le dieu* (ou *Sur les dieux*[23] – interprétation du vingt-troisième symbole) et l'annonce d'un *Traité des symboles* (interprétation du cinquième symbole).

Le genre protreptique remonte en Grèce à la plus haute antiquité : on peut en voir les prémisses dans certains passages d'Hésiode ou dans des élégies de Tyrtée et de Solon, mais le genre connaît un véritable essor avec Platon (*Euthydème*, *Phédon*)[24], Isocrate (*Antidosis*) et Aristote (*Protreptique*)[25]. Ce sont d'ailleurs les chapitres 5 à 12 de l'ouvrage de Jamblique qui permettent de reconstituer en partie le traité aristotélicien aujourd'hui perdu.

La définition que donne Jamblique de l'exhortation à la philosophie nous aidera à comprendre le statut de l'ouvrage, la place que lui assignait Jamblique dans son enseignement et aussi la nature exacte de l'interprétation des symboles qu'on y trouve. « La formation générale, écrit-il, n'isole pas une partie pour préparer et adapter l'homme à une seule tâche prise entre

22. C'est ce que montrent les premières lignes du texte : « De Pythagore, de sa vie, des pythagoriciens nous avons dit l'essentiel dans le livre précédent ; nous commencerons donc maintenant l'examen de sa doctrine par la préparation générale à toute éducation, tant intellectuelle que morale » (*Pr.* § 1, tr. É. des Places, CUF, p. 40).

23. Sur ce problème, voir D. J. O'Meara, op. cité, pp. 92-95, et J. Dillon, op. cité, p. 23.

24. Cf. A.-J. Festugière, *Les Trois « Protreptiques » de Platon :* Euthydème, Phédon, Épinomis, Paris 1972.

25. Cf. W. D. Ross, *Aristotelis fragmenta selecta*, Oxford 1955 ; traduction anglaise : *idem, The Works of Aristotle, XII : Select Fragments*, Oxford 1952. A.-J. Festugière, « Un fragment nouveau du "Protreptique" d'Aristote », *Revue philosophique* 1956, repris dans *Études de philosophie grecque*, Paris 1971, pp. 323-333.

toutes, mais pour ainsi dire sollicite son zèle à toutes les disciplines, à toutes les sciences, à toutes les actions belles et généreuses de la vie, à toutes les cultures, en somme à tout ce qui participe du bien. Impossible, en effet, si l'on n'est exhorté, de s'élancer vers les pratiques belles et généreuses ; *impossible encore d'élever immédiatement quelqu'un vers le bien le plus élevé et le plus parfait avant d'avoir préparé le terrain de l'âme par l'exhortation* ; mais comme l'âme avance peu à peu du moindre au plus grand, passe par toutes les formes de beauté et finalement découvre les biens les plus parfaits, de même aussi l'exhortation doit procéder méthodiquement à partir de l'ordinaire »[26]. Ainsi, le protreptique à la philosophie est un préalable à la psychagogie véritable qui, au terme de son mouvement, devient une mystagogie. Autrement dit, même si les *akousmata* pythagoriciens constituent le sommet du moment protreptique, celui-ci n'est lui-même que la préparation à l'anagogie véritable. On ne trouvera donc dans cet ouvrage qu'une interprétation préparatoire de ces *akousmata*. En effet, Jamblique commence le chapitre 21 en déclarant : « Après avoir exposé tous ceux des symboles dits pythagoriciens qui nous paraissent mémorables et *présentent le genre protreptique*, nous avons décidé d'en faire l'exégèse *qui convient à une admonition* [*i.e.* en unissant l'exotérique et l'ésotérique pour donner la solution de chaque symbole] ; *nous pensons ainsi fournir aux lecteurs une exhortation à la philosophie complète* et plus parfaite que si nous y consacrions bien des lignes »[27]. On ne peut dire plus clairement que nous n'avons pas affaire là à une interprétation ésotérique, mais à une interprétation intermédiaire qui convient au statut préparatoire de l'ouvrage et est en outre conforme à l'enseignement pythagoricien, comme le rappelle le symbole 28 : « *Ne donne pas facilement la main*

26. *Pr.* § 1, pp. 40-41 (nous soulignons).
27. *Pr.* § 21, p. 131 (nous soulignons).

droite au premier venu », que Jamblique interprète de la façon suivante : « Ne tends pas facilement la main droite, c'est-à-dire ne tire pas, n'essaie pas de faire remonter en leur tendant la main droite les profanes sans initiation, encore moins par des instructions et des leçons qui se donnent difficilement, après de longues probations, à qui mérite de partager la continence, le silence de cinq ans et les autres épreuves ». Aussi, l'interprétation protreptique est-elle le résultat d'un savant mélange, comme Jamblique le rappelle lui-même dans un passage qui précède immédiatement le texte que nous reproduisons dans ce livre : « Autant [...] nous introduirons dans l'argument des solutions exotériques et communes à toute philosophie, autant nous devrons nous estimer écartés de l'intention de Pythagore ; en revanche, autant nous y ferons entrer les principales opinions de ces sages sur chaque sujet, autant on aura raison de juger la doctrine propre aux pythagoriciens mais étrangère aux autres philosophes. *Insensiblement, paraît-il, cette pédagogie nous éloignera des idées exotériques pour nous rapprocher, afin de nous les rendre familiers, des encouragements proposés et réglés par cette secte*, comme un pont ou une échelle va de bas en haut, puise d'une grande profondeur vers l'altitude et élève la pensée de tous ceux qui l'appliqueront loyalement ; car c'est dans cette intention qu'on a travaillé, en imitant et copiant le programme susdit »[28].

C'est donc au dernier chapitre de l'ouvrage, comme couronnement, que vient l'examen des *sumbola* pythagoriciens : « Finalement, nous réunirons les exhortations propres à la secte pythagoricienne, différentes de celles des autres écoles et en quelque façon mystérieuses »[29]. Le chapitre 21 nous transmet la liste la plus complète et la plus systématique des symboles ou *akousmata* pythagoriciens. L'annonce du *Traité des symboles*

28. *Ibidem*, pp. 131-132 (nous soulignons).
29. *Pr.* § 1, p. 41.

promettait des interprétations plus complètes – mais, à vrai dire, si l'ouvrage est mentionné trois fois dans ce qui nous reste de l'œuvre de Jamblique, nous ne savons rien de son contenu, ni même s'il a jamais existé.

Porphyre, Vie de Pythagore

Né à Tyr en Syrie, en 233 après J.-C., Porphyre fut l'élève de Longin à Athènes avant de devenir le disciple puis le secrétaire de Plotin à Rome (de 263 à 268). C'est lui notamment qui édita l'œuvre de Plotin en l'organisant en six ennéades. Il est l'auteur d'une œuvre immense dont il ne nous reste que très peu d'ouvrages complets et de nombreux fragments. Il mourut aux environs de 305.

La *Vie de Pythagore* de Porphyre appartenait elle aussi à un ensemble plus vaste, l'*Histoire de la philosophie*, aujourd'hui perdue[30], que l'on s'accorde à dater de la période romaine, plotinienne, de la vie de Porphyre[31], et elle faisait partie du premier livre. Il s'agissait à la fois d'un ouvrage doxographique et biographique, qui se rapprochait ainsi des *Vies des philosophes illustres* de Diogène Laërce. Il comprenait quatre livres en tout. On apprend par ailleurs, par une citation des *Vies des sophistes* d'Eunape, que l'ouvrage de Porphyre s'arrêtait à Platon ; et ce point est confirmé par les fragments auxquels nous avons encore accès. Le livre I couvrait la période qui commençait avec la chute de Troie (Homère, Hésiode, les Sept Sages, Pythagore) ; le livre III concernait Socrate, le livre IV, Platon. Nous n'avons

30. Cf. à ce sujet l'appendice d'A.-Ph. Segonds à l'édition CUF de la *Vie de Pythagore*, Paris 1982, pp. 163-197.

31. A.-Ph. Segonds est encore plus précis, et, tout en soulignant le caractère incertain de l'entreprise, pense que l'ouvrage pourrait avoir été composé aux alentours de 270 : « On peut [...] noter que le système chronologique utilisé dans le fragment 1 se rapproche clairement de celui que Porphyre utilisait dans sa *Chronique universelle :* or on sait qu'il a composé cet ouvrage entre 268 et 270. Il se pourrait donc que la composition de la *Philosophia historia* dût être placée dans cette période de la vie de Porphyre » (*ibid.*, p. 166).

conservé aucun fragment du livre II. Mais comme l'ordre des livres était chronologique, on peut penser que ce deuxième livre était consacré aux philosophes dits présocratiques, ou du moins à certains d'entre eux. Le choix des auteurs retenus devait avoir été fait en fonction d'une option philosophique et d'intentions historiographiques précises. Comme l'écrit A.-Ph. Segonds, « le fait que Porphyre se soit arrêté à l'époque de Platon fait immédiatement soupçonner qu'il écrivait cet ouvrage avec un point de vue historique tout à fait déterminé : celui des néoplatoniciens, pour qui toute l'histoire de la philosophie grecque n'est qu'une préparation à la philosophie de Platon, tandis que la période qui va de la mort de Platon à l'époque de Plotin n'est remplie que d'erreurs, de disputes stériles ou d'inutiles questions techniques. On comprend qu'une histoire de la philosophie conçue dans cet esprit s'arrête avec Platon et n'entre pas dans l'étude des écoles hellénistiques : il n'y a pas de philosophe digne de ce nom entre Platon et Plotin »[32].

Il semble que Jamblique n'ait pas utilisé directement l'ouvrage de Porphyre. En revanche, il semble avoir eu par endroit le même modèle qui a parfois été recopié littéralement. « La source commune est le plus souvent Nicomaque de Gérasa, dont Jamblique a commenté l'*Introduction à l'arithmétique* »[33].

Au § 41, Porphyre cite les symboles d'après un ouvrage d'Aristote, aujourd'hui perdu et qui avait pour titre *Sur les pythagoriciens*.

Photius et la Vie de Pythagore *anonyme*

Photius (*ca.* 810-*ca.* 895), né à Constantinople dans une famille de l'aristocratie, fut deux fois patriarche de Constan-

32. *Ibidem*, p. 165.

33. É. des Places, introduction à son édition de Porphyre, *VP*, CUF, Paris 1982, p. 12

tinople (858-867, et 878-886)[34]. Il fut l'un des acteurs fondamentaux de ce que l'on a appelé le « premier humanisme byzantin », caractérisé par la redécouverte de la littérature grecque classique qui accompagne un vaste mouvement de translittération (de l'écriture onciale à l'écriture minuscule) et de copie de ces textes. Il est l'auteur de plusieurs ouvrages, mais le plus célèbre est sans conteste cette somme si précieuse pour les études antiques qu'est la *Bibliothèque*. L'œuvre est composée de 279 notices résumant et commentant des ouvrages lus par Photius. Cette somme de comptes rendus était destinée à son frère Tarasios. « Voilà donc, écrit Photius dans la postface, les 279 ouvrages que ma mémoire a retenus, de ce que j'ai lu dans mon privé depuis que je sais comprendre et juger. S'il m'arrive de mourir pendant l'ambassade, je te laisserai au moins cela ». La date de composition de l'ouvrage est controversée, car l'identification de « l'ambassade » en question divise les spécialistes. Trois hypothèses s'affrontent : en 838, lors de l'ambassade envoyée par l'empereur Théophile auprès des Arabes orientaux (c'est la datation la plus couramment retenue) ; en 855-856 (lors de pourparlers entre Byzance et le califat en vue d'un échange de prisonniers) ou en 877-886 (pendant le second patriarcat de Photius).

Il y a peu à dire sur la *Vie de Pythagore* résumée dans le codex 249 de la *Bibliothèque*, sinon que l'original est perdu et de date contestée.

Diogène Laërce, Vie de Pythagore *(première partie du livre VIII des* Vies et doctrines des philosophes illustres*)*

Par un paradoxe qui ne manque pas d'ironie, nous ne savons

34. Sur Photius et la *Bibliothèque*, voir Paul Lemerle, *Le premier humanisme byzantin*, Paris 1971, pp. 37-42 et 177-204. Cf. également, N. Wilson, *Scholars of Byzantium*, Londres 1986.

quasiment rien de la vie de celui à qui nous devons tant pour la connaissance de la philosophie et des philosophes antiques. Même son nom pose problème, et pendant longtemps l'interprétation de l'éthnique a été un sujet de discussion. Où se trouvait Laërtès ? On s'accorde désormais à l'identifier à une ville de la Cilicie occidentale mentionnée par Strabon, au livre XIV de sa *Géographie*. On déduit par recoupement avec les dates de certains auteurs mentionnés dans son ouvrage qu'il a vécu dans la première moitié du IIIe siècle après J.-C. Son œuvre, qui est une compilation à l'agencement peu soigné d'ouvrages plus anciens, fut quasiment inconnue dans l'Antiquité.

Ce n'est pas un philosophe, mais plutôt un érudit poète (il cite parfois ses vers). « Davantage intéressé par les hommes que par les doctrines, il aime à dire tout ce qu'il sait de ces philosophes, sur lesquels d'ailleurs il avait déjà écrit des épigrammes dans son *Pammetros*. À l'exception peut-être des ouvrages de Platon et d'Épicure, il n'avait, semble-t-il, qu'une connaissance indirecte de la philosophie, qu'il puisait dans des biographies et des ouvrages de *Successions des philosophes* »[35].

Les *Vies* empruntent, en effet, à plusieurs traditions et genres littéraires. Le genre des *Vies* bien entendu, mais aussi celui des *Successions* – qui établissaient les parentés doctrinales entre philosophes d'une même école – et celui des *Écoles* – qui dressaient un classement des philosophes en fonction de leur école doctrinale et donnaient un exposé des thèses de ces écoles. Il faut bien reconnaître que la séparation des trois genres n'est pas toujours nette, et qu'ils ressortissaient tous à la tradition bio-doxographique de l'époque hellénistique.

Même s'il reconnaît que la philosophie a eu deux commencements, l'un qui remonte à Anaximandre et l'autre à Pythagore (1. 13), la perspective qu'adopte Diogène dans sa

35. M.-O. Goulet-Cazé, « Introduction générale » à *Diogène Laërce. Vies et doctrines des philosophes illustres*, Paris 1999, p. 14.

Vie de Pythagore est résolument critique, et il n'hésite pas à traiter Pythagore de mystificateur et de charlatan (8. 44-45). Le texte est néanmoins intéressant en ce qu'il transmet une liste des symboles quelque peu différente de celles de Jamblique[36] et qu'il nous rapporte un long fragment d'un ouvrage de l'historien grec Alexandre Polyhistor (*ca.* 80-40 avant J.-C.), qui, dans ses *Successions des philosophes*, résume des *Mémoires pythagoriques* (*hypomnemata pythagorica*)[37] qui, selon certains éditeurs, pourraient bien présenter, sur plusieurs points, la doctrine originelle des pythagoriciens.

Le problème des sources

C'est l'un des problèmes les plus complexes que posent les différentes *Vies de Pythagore* que nous reproduisons ici[38]. Et il est, pour tout dire, en partie insoluble.

Comme nous l'avons déjà signalé, les textes que nous présentons sont des témoignages tardifs, mais ils compilent des

36. Pour une comparaison des différentes listes de *sumbola* qui nous sont parvenues, cf. L. Brisson et A.-Ph. Segonds, Annexe II à l'Introduction de *Jamblique. Vie de Pythagore*, pp. LXXIII-LXXVI.

37. Pour une analyse de détail des §§ 25-30, voir l'article du R. P. Festugière, « Les *Mémoires pythagoriques* cités par Alexandre Polyhistor », *Revue des études grecques* 58, 1945, pp. 1-65, repris dans *Études de philosophie grecque*, Paris 1971, pp. 371-435. Le R. P. Festugière n'est pas favorable à l'idée qu'il faudrait compter ces *Mémoires pythagoriques* au nombre des *testimonia* sur le pythagorisme originel, contrairement à Delatte, à Wellmann et à Diels et Kranz, qui les avaient, quant à eux, inclus dans cette section dans leur édition des *Vorsokratiker*.

38. Voir l'Annexe I de l'introduction de L. Brisson et A.-Ph. Segonds à *Jamblique. Vie de Pythagore*, pp. LXI-LXX et la liste des pp. 16-17 de l'introduction d'É. des Places, ainsi que les *fontes* de l'apparat critique de son édition de la *VP* de Porphyre. Voir également les ouvrages classiques de I. Lévy, *Recherche sur les sources de la légende de Pythagore*, Paris 1926 ; A. Delatte, *Études sur la littérature pythagoricienne*, Paris 1915, ainsi que W. Burkert, *Lore and Science*, pp. 98-105 et H. Thesleff, *The Pythagorean Texts of the Hellenistic Period*, Åbo 1965, *passim*.

œuvres d'auteurs anciens : ils nous permettent ainsi de connaître des sources biographiques aujourd'hui perdues. Outre quelques indications de Platon et d'Aristote, les sources anciennes proviennent essentiellement d'Héraclide du Pont, des péripatéticiens [Aristoxène de Tarente (375-315/305 avant J.-C.), Dicéarque de Messine (milieu du IVe siècle avant J.-C.)][39] et des néopythagoriciens du Ier siècle après J.-C.

La tradition biographique académicienne et péripatéticienne fut transmise par plusieurs auteurs : Néanthe de Cyzique (vers 200 avant J.-C.) et Ératosthène de Cyrène (257-194) pour le troisième siècle, Alexandre de Milet (dit Polyhistor) pour le deuxième siècle. Avec le renouveau d'intérêt pour la doctrine pythagoricienne au début de l'ère chrétienne (cf. la postface du présent ouvrage), d'autres auteurs entrent en scène : Antoine Diogène d'abord (Ier siècle après J.-C.), puis les néopythagoriciens [Modératus de Gadès (deuxième moitié du Ier siècle de notre ère), Nicomaque de Gérasa (50-150 après J.-C.)]. Enfin, il faut ajouter que Jamblique utilise de nombreux écrits pseudo-pythagoriciens qu'il considérait comme authentiques.

Si Diogène Laërce et Porphyre donnent l'origine de leurs sources avec une relative précision, Jamblique, en revanche, est beaucoup plus évasif et utilise ses sources de façon très libre pour composer une œuvre personnelle et beaucoup plus ambitieuse.

39. Citons aussi l'historien Timée de Tauroménion (356-260) utilisé par Porphyre et probalement aussi par Jamblique.

I

La *Vie de Pythagore* de Jamblique

JAMBLIQUE
DE CHALCIS EN CŒLÉ-SYRIE

Vie de Pythagore

1. Préambule au sujet de la philosophie de Pythagore, dans lequel on commence par une invocation des dieux, tout en soulignant l'utilité et la difficulté de l'ouvrage[40].

(1) Dans toute entreprise de philosophie, c'est la coutume de tout le monde, au moins chez les sages, d'invoquer l'aide de dieu ; mais dans le cas de la philosophie qui porte à juste titre le même nom que Pythagore, lequel était surnommé divin, il convient encore plus de le faire : en effet, comme cette philosophie a été enseignée à l'origine par les dieux, il n'est pas possible de s'en saisir autrement que par l'entremise des dieux. En outre, aussi bien la beauté de cette philosophie que sa grandeur dépassent par trop les capacités humaines, pour que l'on puisse l'embrasser d'un seul coup, mais c'est seulement si un dieu, dans sa bienveillance, l'enseigne progressivement, que l'on pourra en saisir quelque chose. **(2)** Pour toutes ces raisons, après avoir invoqué les dieux comme nos guides et nous être confiés à eux ainsi que notre discours, suivons-les partout où ils voudront nous conduire, en regardant comme de nulle importance le fait que cette École soit négligée depuis un temps si long, qu'elle soit dissimulée dans des connaissances étranges

40. Ces « chapitres » (*kephalaia*) figuraient en fait en tête de l'ouvrage. Ces divisions du texte en moments remarquables remontent très probablement à Jamblique lui-même. Nous les avons inclues dans le texte même (en les isolant typographiquement) afin de faciliter la lecture et le repérage.

et certains symboles secrets, cachée dans de nombreux écrits faux et inauthentiques, et enfin rendue difficile d'accès par quantité d'autres difficultés de cette sorte. Il nous suffit, en effet, de la volonté des dieux, grâce à laquelle on peut supporter des choses encore plus difficiles que celles-là. Après les dieux, nous ferons du fondateur et père de cette philosophie divine notre guide, mais au préalable nous ferons un retour en arrière, pour traiter de sa famille et de sa patrie.

2. À propos de Pythagore, de sa famille, de sa patrie, de son éducation, de ses études, de ses voyages, de son retour à la maison, de son départ pour l'Italie et, en général, de l'ensemble de sa vie.

(3) On rapporte donc qu'Ankaios, qui habitait la ville de Samê (sur l'île de Céphallénie), descendait de Zeus – qu'il ait mérité cette réputation à cause de sa vertu ou à cause de sa grandeur d'âme – et qu'il l'emportait en sagesse et en réputation sur les autres habitants de l'île. Il reçut un oracle de la Pythie, l'invitant à rassembler une colonie à partir d'habitants de Céphallénie, de l'Arcadie et de la Thessalie, et à accueillir en outre des colons venant d'Athènes, d'Épidaure et de Chalcis ; à leur tête, il devait aller coloniser une île dénommée, à cause de la qualité de son sol et de sa terre, Mélamphyllos, et appeler la ville Samos d'après Samê de Céphallénie. **(4)** Voici comment l'oracle se présentait :

> Ankaios, va-t'en coloniser l'île battue des flots,
> Samos au lieu de Samê ; son nom est Phyllis.

Que les colons se soient rassemblés à partir des lieux que l'on vient de dire, on en a un signe non seulement dans les honneurs et les sacrifices adressés aux dieux, lesquels proviennent des lieux d'où la plupart des habitants avaient été rassemblés, mais aussi dans les liens de parenté et les rencontres mutuelles auxquelles les Samiens prennent part. On raconte donc que Mnémarchos et Pythaïs, les parents de Pythagore, sont de cette maison et de la descendance d'Ankaios, celui qui a mené la colonie. **(5)** Cette noblesse était reconnue à Pythagore chez ses concitoyens, et l'un des poètes de Samos dit qu'il était fils d'Apollon en s'exprimant de la sorte :

> Et Pythagore, qu'engendra pour Apollon, l'ami de Zeus,
> Pythaïs, la plus belle d'entre les Samiennes.

Pourquoi ce récit s'est imposé, c'est ce qu'il vaut la peine d'exposer. Ce Mnémarchos de Samos, qui se trouvait pour raison de commerce à Delphes avec sa femme, dont la grossesse ne se voyait pas encore, se vit répondre en oracle par la Pythie, qu'il avait interrogée au sujet de son voyage en Syrie, que le voyage serait très favorable et profitable, et que sa femme était enceinte et mettrait au monde un enfant, qui l'emporterait en beauté et en sagesse sur tous les hommes qui avaient jamais vécu, et qui s'avérerait d'un très grand profit pour la race humaine, pour la vie sous tous ses aspects. **(6)** Mnémarchos, comprenant que le dieu ne lui aurait jamais rendu d'oracle sur son fils, sans qu'il l'eût demandé, si son fils ne devait pas être exceptionnel et, au vrai sens du mot, un « don des dieux », de ce moment changea le nom de sa femme de Parthenis en Pythaïs (en raison de l'enfant et de ce qu'avait dit la prophétesse), **(7)** et à Sidon, en Phénicie, lorsque sa femme eut enfanté, il appela son fils "Pythagore", pour la raison qu'il lui avait été annoncé par le dieu Pythien. Sur ce point, il faut, en effet, ne pas tenir compte d'Épiménide, d'Eudoxe et de Xénocrate, qui soupçonnent qu'Apollon s'était alors uni à Parthenis, qu'il l'aurait ainsi rendue enceinte, et qu'il l'aurait fait annoncer par la prophétesse.

C'est là, en tout cas, une version qu'il ne faut absolument pas admettre. **(8)** Que cependant l'âme de Pythagore ait été envoyée chez les hommes depuis le domaine d'Apollon, qu'elle ait été dans son cortège, ou même qu'elle ait été rangée à un rang encore plus proche de ce dieu-là, personne en tout cas ne saurait en douter, à en juger d'après cette naissance et d'après la sagesse multiforme de son âme. En voilà assez sur sa naissance.

(9) Lorsque Mnémarchos revint de Syrie à Samos, avec beaucoup de profit et toutes sortes de richesses, il fit construire un temple à Apollon, et le dédia à Apollon Pythien ; quant à son fils, il le fit élever dans des enseignements divers et les plus importants, le confiant à Créophyle, à Phérécyde de Syros, et à presque tous ceux qui comptaient en matière de rites, pour que, dans la mesure du possible, il apprît les choses divines parfaitement. Et il grandissait, devenant par bonheur le plus beau de tous les hommes que l'on eût jamais vus et le plus semblable aux dieux. **(10)** Après la mort de son père, il devint encore plus grave et plus sage, et bien qu'il fût encore tout à fait jeune, il était déjà traité avec estime et respect même par les anciens ; quand on le voyait ou qu'on l'entendait parler, il attirait l'attention de tout le monde sur lui, et sur quelque personne qu'il jetât le regard, il lui paraissait merveilleux, de sorte que la plupart assuraient, comme il faut s'y attendre, qu'il était fils d'un dieu. Lui, de son côté, renforcé par de pareilles opinions à son sujet, par l'éducation qu'il avait reçue depuis son plus jeune âge, et enfin par sa ressemblance naturelle avec un dieu, s'efforçait de se rendre encore plus digne de ces avantages, et il se signalait par des actes cultuels, par des connaissances, par des régimes extraordinaires, par la stabilité de son âme, par le contrôle de son corps, par le calme et la bonace inimitable qui régnaient dans tout ce qu'il disait ou faisait, parce qu'il ne se laissait jamais entraîner par la colère, ni par le rire, ni par l'envie, ni par la jalousie, ni par aucun autre souci ni par quelque mouvement impétueux ; il vivait à Samos comme une sorte de bon démon. **(11)** C'est pourquoi, alors qu'il n'était encore qu'éphèbe, sa grande réputation parvint à Milet, à Thalès, aussi bien qu'à Priène, à Bias, [deux] Sages, et elle gagna les villes voisines ; et beaucoup de gens, en maints endroits, parlaient désormais proverbialement du « jeune homme aux cheveux longs de Samos », le regardant comme un dieu et le répétant sans cesse. Comme la tyrannie de Polycrate avait récemment commencé à se développer, Pythagore, qui était alors dans sa dix-huitième année, vit à l'avance où elle aboutirait et qu'elle serait un obstacle à son dessein de vie et à sa soif de connaissance, qu'il recherchait par-dessus tout ; de nuit, à l'insu de tous, en compagnie d'Hermodamas (qui était surnommé le Créophylien, parce que, disait-on, il était un descendant de Créophyle, l'hôte du poète Homère, <dont il semble> avoir été l'ami et le maître en toutes choses) – en sa compagnie donc il s'en alla visiter Phérécyde, Anaximandre le physicien et, à Milet, Thalès. **(12)** Et s'étant rendu tour à tour chez chacun d'eux, il les fréquenta si bien que tous l'aimaient, qu'ils admiraient sa nature et faisaient de lui leur interlocuteur. C'est ainsi que Thalès l'accueillit avec joie, et ayant reconnu avec admiration que sa supériorité par rapport aux autres jeunes gens était plus grande et dépassait même la réputation qui l'avait précédé, il lui donna part à toutes les connaissances dont il disposait, et invoquant sa propre vieillesse et sa faiblesse, il l'exhorta à cingler vers l'Égypte et à aller rencontrer tout particulièrement les prêtres de Memphis et de Dios<polis> ; c'est d'eux, en effet, que lui aussi, disait-il, avait acquis le bagage qui lui avait valu auprès du vulgaire le nom de sage. Et pourtant, disait-il, ni la nature ni l'entraînement ne lui avaient donné autant d'avantages que ceux qu'il voyait chez Pythagore ; si bien qu'il annonçait à chaque occasion que, s'il allait trouver les prêtres en question, il deviendrait le plus divin et le plus sage d'entre tous les hommes.

3. Son voyage vers la Phénicie, quel y fut son séjour, comment il passa de là en Égypte, et comment se déroula ce passage.

(13) Ayant donc appris de Thalès par-dessus tout à économiser son temps, et par suite, ayant renoncé à boire du vin, à manger de la viande et plus encore à manger excessivement, se limitant, au contraire, à se nourrir de choses légères et facilement digestes, il avait acquis grâce à ce régime peu de besoin en sommeil, l'habitude de veiller, la pureté de l'âme et une très exacte et immuable santé du corps. Le voilà qui gagne par mer Sidon, parce qu'il savait bien que c'était là sa patrie selon la nature, et qu'il pensait à juste titre qu'il lui serait plus facile de gagner à partir de là l'Égypte. **(14)** Là, il rencontra les descendants du prophète et physiologue Môchos et les autres hiérophantes phéniciens, et se fit initier à toutes les initiations divines qui se faisaient spécialement à Byblos, à Tyr et dans de nombreuses localités de Syrie, et il se soumit à ces initiations nullement par superstition, comme on pourrait le croire simplement, mais bien plutôt par amour et désir de la contemplation et par souci que rien de digne d'être appris, si cela était conservé dans les rites secrets des dieux ou dans les initiations, ne lui échappât. Et comme il avait appris de plus que les rites de cette région étaient, pour ainsi dire, colons et descendants des rites égyptiens, pour cette raison il en vint à espérer d'avoir part à des initiations meilleures, plus divines et pures en Égypte. Tout heureux, il fit sans tarder, selon les instructions que lui avait données Thalès, son maître, la traversée vers l'Égypte avec des marins égyptiens qui avaient fort opportunément débarqué sur la côte, au pied du mont Carmel en Phénicie, là où Pythagore séjournait le plus souvent en solitaire dans le temple. Et les marins l'accueillirent à bord bien volontiers, parce qu'ils avaient prévu de tirer profit de sa beauté et, s'ils le vendaient, de sa grande valeur. **(15)** Par la suite, cependant, comme au cours de la traversée il s'était comporté avec tempérance, avec dignité, bref d'une manière conforme à son éducation, ils devinrent mieux disposés à son égard et ils reconnurent dans la réserve du jeune homme quelque chose qui dépassait la nature humaine. Ils se rappelèrent aussi qu'à l'instant même où ils avaient abordé, ils l'avaient vu descendre depuis le haut du mont Carmel (ils savaient bien que cette montagne était la plus sainte de toutes et qu'elle était inaccessible à beaucoup), marcher posément et sans se retourner, sans qu'aucune crevasse ou aucun rocher difficilement franchissable ne l'arrêtât. Et s'approchant du bateau, il s'était simplement écrié : « Vous allez en Égypte ? » Comme ils lui avaient répondu affirmativement, il monta à bord et, en silence, alla s'asseoir à l'endroit où il gênerait le moins les marins. **(16)** <Et> pendant toute la traversée, deux nuits et trois jours, il demeura dans une seule et même posture, ne prenant ni nourriture ni boisson ni sommeil, si ce n'est à l'insu de tous quand, gardant la position fixe et inébranlable dans laquelle il se trouvait, il fermait les yeux pour peu de temps, tout cela alors que, contrairement à l'attente des marins, la traversée se faisait sans interruption, facilement et en ligne droite, comme par suite de la présence de quelque dieu. Prenant donc tous ces faits en considération, les marins finirent par être convaincus qu'un démon divin, en vérité, allait avec eux de Syrie en Égypte, et dès lors ils passèrent le reste de la traversée dans le plus grand silence, et ils usèrent de mots et d'actions bien plus séants que d'ordinaire et entre eux-mêmes et avec lui, jusqu'à ce que le navire arrive très heureusement et dans un calme parfait sur la côte d'Égypte. **(17)** Là, tous les marins le débarquèrent en le soulevant avec un religieux respect et, se le passant l'un à l'autre, ils l'installèrent sur le sable le plus pur ; ils construisirent devant lui une sorte d'autel improvisé et y entassèrent tous les fruits qu'ils pouvaient, qu'ils offrirent comme des prémices de leur cargaison ; puis ils reprirent le large pour aller là où ils avaient prévu d'aller. Lui, comme son corps était très affaibli à cause de cette si longue absence de nourriture, ne s'opposa pas au débarquement, se laissant soulever et transmettre de l'un à l'autre par les marins, et, après leur départ, il ne s'abstint pas longtemps des fruits qui étaient devant lui, mais il en mangea à suffisance et, ayant repris ses forces, il gagna les villages voisins, gardant en toute circonstance le même caractère, calme et digne.

4. Son séjour en Égypte ; comment il passa de là à Babylone ; comment là-bas il fréquenta les mages, <et> comment il revint à Samos.

(18) À partir de là, il alla visiter tous les temples avec le plus grand zèle, en les examinant soigneusement ; il suscitait ainsi l'admiration et l'affection chez les prêtres et les prophètes qu'il y rencontrait et se faisait instruire dans les moindres détails sur chaque chose, ne négligeant nul enseignement de ceux qui étaient réputés à son époque ni aucun homme parmi ceux qui étaient connus pour leur sagesse, ni aucun mystère, où qu'ils se tinssent, ni aucun lieu où, pensait-il, il pourrait par sa visite découvrir quelque chose de particulièrement intéressant. C'est pourquoi il se rendit auprès de tous les prêtres, s'instruisant auprès de chacun d'entre eux sur tout ce en quoi chacun d'eux était sage. **(19)** Il passa ainsi vingt-deux ans en Égypte dans le secret des temples à s'adonner à l'astronomie et à la géométrie, et à se faire initier, non pas superficiellement ni au hasard, à tous les mystères des dieux, jusqu'au moment où, fait prisonnier par les troupes de Cambyse, il fut emmené à Babylone. Et là, dans un contentement partagé, il passa son temps avec les mages, il apprit à fond ce qu'il y a de vénérable chez eux et connut le culte parfait des dieux ; chez eux, il parvint au sommet de l'arithmétique, de la musique et des autres sciences mathématiques. Ayant encore séjourné chez eux douze ans, il revint à Samos, alors qu'il avait environ cinquante-six ans.

5. Ce qu'il fit lors de son séjour à Samos, comment il instruisit d'une manière admirable son homonyme ; ses voyages en Grèce et ses pratiques d'ascèse à Samos.

(20) Reconnu par certains vieillards et admiré non moins qu'auparavant (il leur apparut, en effet, plus beau, plus sage et plus semblable aux dieux), comme sa patrie lui demandait d'enseigner publiquement à tout le monde et de la faire participer à ses idées, sans résister, Pythagore entreprit de rendre son type d'enseignement symbolique et tout à fait semblable aux enseignements de l'Égypte, dans lesquels il avait été instruit, bien que les Samiens n'acceptassent pas du tout ce type d'enseignement et qu'ils ne s'attachassent à lui ni convenablement ni comme il aurait fallu. **(21)** Personne ne venait le trouver ni ne désirait authentiquement les connaissances qu'il s'efforçait de toutes les façons d'introduire chez les Grecs. Il n'en méprisa pas pour autant Samos (c'était sa patrie), parce qu'il voulait absolument que ses compatriotes goûtassent à la beauté du savoir, sinon volontairement, du moins par un stratagème ingénieux. Ayant donc remarqué parmi ceux qui fréquentaient le gymnase et aimaient l'exercice corporel, mais qui, par ailleurs, étaient pauvres et fort dépourvus, un jeune homme qui jouait à la balle habilement et harmonieusement, il réfléchit qu'il serait facile de le convaincre, si quelqu'un lui fournissait en abondance ce dont il avait besoin, le délivrant ainsi de ses soucis. Il fit appeler le jeune homme après le bain et lui promit de lui fournir toujours assez pour poursuivre son entraînement et pouvoir vivre, à condition qu'il puisse lui transmettre petit à petit, sans effort de sa part et continûment, de sorte qu'il ne soit pas accablé immédiatement, certaines connaissances, qu'il avait apprises auprès des Barbares, alors qu'il était jeune, mais qui l'abandonnaient maintenant à cause de son grand âge et de l'oubli qui l'accompagne. **(22)** Le jeune homme promit et se soumit dans l'espoir de recevoir ce qui lui était nécessaire, et Pythagore chercha à l'introduire dans l'étude de l'arithmétique et de la géométrie, en faisant des démonstrations de chaque point sur une tablette, et pour toute forme (c'est-à-dire une figure de géométrie) qu'il lui enseignait, il donnait au jeune homme trois oboles en guise de salaire pour le dédommager de sa peine. Et Pythagore fit cela pendant longtemps, l'introduisant à la science avec une très grande ardeur, avec soin et dans l'ordre le meilleur, tout en lui donnant pour chaque forme apprise trois oboles. **(23)** Et comme le jeune homme, mené sur une voie convenable, avait déjà saisi l'excellence, le plaisir et l'enchaînement des connaissances, le sage, voyant ce qui se passait, et aussi que, de lui-même, le jeune homme ne s'écarterait plus ni ne renoncerait jamais à la mathématique, même s'il connaissait tous les malheurs, invoqua sa pauvreté et la gêne où il était de lui donner les trois oboles. **(24)** Le jeune homme lui répondit : « Eh bien ! même sans ces oboles, je suis capable d'apprendre et d'hériter tes connaissances ». Pythagore ajouta : « Oui, mais je n'ai même plus les moyens de vivre, même pas pour moi-même ; et puisqu'il me faut m'occuper de me procurer mon nécessaire quotidien et ma nourriture de chaque jour, il ne convient pas de se laisser distraire par une tablette et des occupations vaines qui ne sont pas profitables ». Aussi le jeune homme, qui avait grand-peine à abandonner cette étude, dit : « C'est moi désormais qui te le procurerai et je te revaudrai, d'une certaine façon, ta bonté ; en effet, pour chaque forme, à mon tour, je te donnerai trois oboles ». **(25)** Et dès lors il fut si bien captivé par le savoir, que seul parmi les Samiens il s'en alla avec Pythagore ; il portait le même nom que lui, mais était le fils d'Ératoklês. On a de lui des écrits concernant l'entraînement et aussi la prescription adressée aux athlètes de ce temps, de remplacer les figues par une nourriture carnée, ouvrages que l'on a tort de rapporter à Pythagore, fils de Mnémarchos.

On dit que, vers la même époque, Pythagore suscita l'admiration à Délos, parce qu'il s'était rendu à l'autel appelé « non taché de sang » d'Apollon Génétôr, et qu'il l'avait vénéré. De là, il alla visiter tous les sanctuaires oraculaires. Et il séjourna en Crète aussi bien qu'à Sparte pour leurs lois. Et après s'être instruit de tout cela, il revint à la maison, se remettant à faire des recherches sur ce qu'il avait laissé de côté. **(26)** Et en premier lieu, il fit construire dans la ville une école, que l'on appelle aujourd'hui encore « l'hémicycle de Pythagore », et où aujourd'hui les Samiens délibèrent des affaires publiques, parce qu'ils pensent qu'il leur faut se mettre à la recherche du bien, du juste et de l'avantageux à l'endroit même qu'avait fait construire celui qui en avait fait son étude. **(27)** De plus, hors de la ville, il s'était créé une grotte adaptée à sa philosophie, où il passait la plus grande partie de la nuit et du jour, et où il menait ses recherches sur ce qui est utile dans le savoir, ayant eu le même dessein que Minos, le fils de Zeus. Et il l'emporte grandement sur ceux qui, dans la suite, se sont servi de ses connaissances : ceux-ci étaient immensément fiers de leurs petites découvertes, tandis que Pythagore a mené à perfection la science des corps célestes et l'a exposée avec toutes les démonstrations requises, tant de géométrie que d'arithmétique.

6. Ses raisons pour partir en Italie, et au sujet de ce départ ; présentation générale de sa personne et de son enseignement philosophique.

(28) Mais il mérite encore plus d'être admiré aussi à cause de ce qu'il a accompli par la suite. Sa philosophie avait déjà fait pas mal de progrès et la Grèce tout entière l'admirait : et les meilleurs et les mieux doués pour la philosophie s'en venaient à Samos à cause de lui, et désiraient avoir part à l'éducation qu'il dispensait, mais lui-même était requis par ses concitoyens pour toutes les ambassades et contraint de participer aux mêmes liturgies que ses concitoyens. Alors il se rendit compte que, s'il obéissait aux lois de sa patrie, il lui serait difficile de pratiquer la philosophie en restant à Samos, et aussi que tous ceux qui, auparavant, avaient pratiqué la philosophie, avaient passé leur vie en terre étrangère – réfléchissant sur tout cela à part soi, et cherchant à éviter les importunités de la vie de citoyen ou, comme le disent certains, voulant éviter le dédain dans lequel ceux qui habitaient alors Samos tenaient l'éducation, il s'en alla en Italie, regardant pour patrie la terre qui portait le plus grand nombre d'hommes bien disposés pour apprendre. **(29)** Et pour commencer, il se dirigea vers la ville très célèbre de Crotone, où il se fit un grand nombre de disciples : [[on raconte non seulement qu'il y eut six cents hommes incités par lui à étudier la philosophie qu'il enseignait, mais que, en outre, ils devinrent, comme son commandement y exhortait, des cénobites (c'est leur nom) ; **(30)** et ces hommes-là étaient les « philosophes », tandis que la multitude des auditeurs, ceux que l'on appelle les « acousmatiques »]], furent plus de deux mille, à ce que l'on rapporte, à être captivés par ses discours au cours d'une seule leçon, qu'il fit, tout juste débarqué en Italie, devant un grand concours de foule. Et ils furent si complètement conquis qu'ils ne retournèrent plus chez eux, mais avec femmes et enfants, ils établirent un vaste lieu de réunion et fondèrent ce qui est appelé par tout le monde la Grande Grèce ; ils reçurent de Pythagore lois et préceptes comme des sortes d'ordonnances divines, dont ils ne s'écartaient en rien dans leurs actions. Et ils restèrent là dans les mêmes dispositions d'esprit que tout l'ensemble des disciples, objet d'éloge et même de vénération de la part des habitants de la région ; ils avaient mis en commun tous leurs biens, comme on l'a déjà dit, et plaçaient désormais Pythagore au nombre des dieux, comme une sorte de bon démon, plein d'amour pour les hommes : les uns disaient qu'il était Apollon Pythien, les autres Apollon Hyperboréen, les autres Apollon Pæan, les autres un des démons habitant la lune, d'autres enfin un autre parmi les dieux Olympiens, apparu aux hommes de ce temps-là sous la figure d'un homme pour l'utilité et le redressement de la vie mortelle, pour faire don à la nature mortelle de l'étincelle salvatrice du bonheur et de la philosophie : don plus grand que celui-là de la part des dieux, [par l'intermédiaire de Pythagore], il n'y en eut jamais et il n'y en aura jamais. C'est pourquoi aujourd'hui encore l'on dit l'expression proverbiale : « Le jeune homme aux cheveux longs de Samos » à propos d'un homme extrêmement vénéré. **(31)** Aristote, dans ses livres *Sur la philosophie pythagoricienne*, rapporte que la division suivante était tenue par les Pythagoriciens parmi les choses tout à fait secrètes : « Dans le vivant rationnel, il y a d'un côté le dieu, de l'autre l'homme, et enfin l'espèce du type de Pythagore ». Et ils avaient bien raison de le tenir pour tel, puisque c'est par lui que s'est introduite une pensée droite, qui correspond à la réalité et ne contredit absolument aucun des phénomènes ou aucune des choses saisies par l'intelligence, à propos des dieux, des héros, des démons et du monde ; à propos des mouvements de toutes sortes des sphères et des astres, de leurs occultations, retards dans le mouvement et anomalies, des excentriques et des épicycles, à propos de tout ce qui est dans le monde, le ciel et la terre et toutes les natures comprises entre ces deux, tant visibles qu'invisibles – grâce à lui encore sont venues s'installer chez les Grecs les mathématiques, la contemplation et toutes les choses de l'ordre de la science, lesquelles donnent en vérité des yeux aux âmes, et purifient de l'aveuglement de l'intellect dû aux autres occupations, pour leur permettre de discerner les principes et les causes véritablement telles de l'univers. **(32)** Et encore, la constitution la meilleure, l'accord au sein du peuple, le principe : « Entre amis, tout est commun », le culte rendu aux dieux, la piété à l'égard des défunts, la législation, l'éducation, l'art de tenir sa langue, le respect des autres vivants, la continence, la maîtrise de soi, l'intelligence, la divinité et, pour le dire d'un seul mot, tous les autres biens si désirables et si recherchés de la part des amis du savoir – tout cela a fait son apparition grâce à lui. C'est donc à juste titre pour toutes ces raisons que, comme je viens de le dire, on admirait si extraordinairement Pythagore.

7. Présentation pour ainsi dire générale de ses actions en Italie et des discours qu'il adressa publiquement aux hommes.

(33) Il faut donc dire après cela comment il séjourna à l'étranger, et chez qui en premier, quels discours il a tenus, sur quels sujets et à qui, car c'est de cette façon que nous pourrons saisir facilement quel était le contenu et le mode de son enseignement à cette époque. On dit donc que, au cours de son séjour en Italie et en Sicile, les villes qu'il trouva mutuellement asservies, les unes depuis de longues années, les autres récemment, il les sauva et les libéra en leur insufflant un esprit de liberté grâce aux disciples qu'il avait en chacune d'elles : Crotone, Sybaris, Catane, Rhégium, Himère, Agrigente, Tauromenion et d'autres, auxquelles il fit donner aussi des lois par Charondas de Catane et Zaleucos de Locres ; grâce à eux, ces villes demeurèrent longtemps dotées de très bonnes lois, et elles suscitaient l'émulation chez leurs voisines. **(34)** Il supprima radicalement les discordes, le désaccord et, d'une manière générale, la dissidence, non seulement entre proches et aussi entre leurs descendants pendant, raconte-t-on, de nombreuses générations, mais aussi, en règle générale, entre toutes les villes d'Italie et de Sicile, non seulement en leur sein mais aussi entre elles. Souvent, en effet, à tous les groupes, nombreux ou restreints, en toute circonstance, il adressait un apophtegme <de cette sorte>, semblable à un conseil donné par l'oracle d'un dieu, qui est un abrégé et comme un résumé de ses opinions : « Il faut exiler, par tous les moyens, et éradiquer par le fer et le feu et de toutes les manières possibles, du corps, la maladie ; de l'âme, l'ignorance ; du ventre, la gourmandise ; de la cité, la discorde ; de la famille, le dissentiment ; et en même temps, de partout, la démesure », grâce à quoi il rappelait à chacun, de la manière la plus affectueuse, les plus belles de ses doctrines. **(35)** Tel était à ce moment-là le type général de sa vie, tant dans les discours que dans les actions.

[...]

12. Quel était son enseignement au sujet de la philosophie, et qu'il fut le premier à s'appeler "philosophe", et pour quelle raison.

(58) On dit que Pythagore est le premier à s'être appelé lui-même « philosophe » : non seulement il fut à l'origine d'un nom nouveau, mais encore il a donné à l'avance une démonstration profitable de cette chose, qui lui était propre. Il disait, en effet, que les hommes venaient au monde comme une troupe se rendant à des panégyries. De même, en effet, que viennent là toutes sortes d'hommes, chacun pour un besoin différent (l'un, en effet, en vue du commerce et du gain, est venu décharger sa marchandise ; l'autre, en vue de la gloire, vient pour faire une démonstration de la force de son corps ; il y a encore une troisième sorte – c'est précisément la plus libérale – qui se réunit pour voir des lieux et de belles réalisations, des actes d'excellence et des discours, dont il y avait ordinairement des démonstrations lors de ces fêtes), de même aussi dans la vie, toutes sortes d'hommes sont rassemblés au même endroit par leurs préoccupations : les uns, c'est le désir de richesses et de plaisir qui les meut ; d'autres, c'est le désir du pouvoir et de la puissance qui les occupe et de folles rivalités. Mais la sorte d'hommes la plus pure, c'est l'homme qui a choisi la contemplation des choses les plus belles, celui que l'on dénomme précisément « philosophe ». **(59)** Belle est, assurément, la vision du ciel tout entier et des astres qui s'y déplacent, à condition d'en saisir l'ordre ; mais il n'en est ainsi que par participation au Premier et à l'Intelligible. Et ce Premier, c'est, on le sait, les nombres et les rapports qui s'étendent à travers toutes choses, selon lesquels tout ce qui existe est mis en ordre harmonieusement et arrangé pour former le monde comme il convient ; et la sagesse, c'est la véritable science, celle qui s'occupe des choses premières, belles et divines, de celles qui échappent à la dégradation, qui sont éternellement dans le même état, par participation auxquelles le reste peut être dit beau ; et la philosophie, c'est la poursuite de cette contemplation. Ainsi donc beau était ce souci d'instruction, lui qui, en même temps que Pythagore, contribue au redressement des hommes.

13. Que Pythagore avait la capacité d'enseigner par le discours jusqu'aux bêtes sauvages et aux êtres dépourvus de raison ; grand nombre de preuves en faveur de cette thèse.

(60) S'il faut en croire les si nombreux historiens qui ont traité de Pythagore, historiens à la fois anciens et considérables, Pythagore possédait grâce à sa parole une capacité d'enseigner et de conseiller qui s'étendait jusqu'aux animaux dépourvus de raison. Il montrait par là que l'éducation est toute-puissante sur les êtres pourvus d'intelligence, puisque c'est le cas même des animaux sauvages et de ceux qui sont considérés comme dépourvus de raison. On raconte, par exemple, qu'il réussit à contenir l'ourse de Daunia, qui maltraitait cruellement les indigènes ; il la caressa un très long temps, la nourrissant au moyen de pain et de fruits, et il la relâcha après lui avoir fait jurer de ne plus jamais porter la patte sur un être animé ; et elle s'en alla immédiatement vers la montagne dans les forêts, et de ce jour, on ne la vit plus jamais attaquer même un être dépourvu de raison. **(61)** Voyant un jour un bœuf, à Tarente, dans une vaste pâture, s'approcher de fèves vertes, il alla trouver le bouvier et lui conseilla de dire au bœuf de s'abstenir des fèves. Le bouvier se moqua de lui, disant qu'il ne savait pas parler la langue des bœufs, et que si lui la savait, il lui avait même donné un conseil inutile, parce que c'est le bœuf lui-même qu'il aurait dû avertir. Pythagore s'approcha et passa un long moment à chuchoter à l'oreille du taureau, et non seulement il le tint à cet instant volontairement à l'écart des fèves, mais même dans la suite on dit que ce bœuf ne goûta plus jamais de fèves du tout ; qu'il vécut très longtemps à Tarente, dans le temple d'Héra, où il vieillit ; qu'il était appelé par tout le monde le bœuf sacré de Pythagore et était nourri de nourritures propres aux humains, qu'apportaient ceux qui venaient le voir. **(62)** Alors qu'il se trouvait à Olympie à s'entretenir, avec ses disciples, des présages, des symboles et des signes envoyés par les dieux, au moment où il disait que, pour ceux des hommes qui sont réellement aimés des dieux, les dieux envoient certaines annonces et des voix, un aigle volait au-dessus d'eux ; on dit qu'il le fit descendre, qu'il le caressa, puis le laissa reprendre son vol vers les hauteurs. Ces faits et d'autres semblables démontrent qu'il avait le même pouvoir qu'Orphée sur les animaux sauvages, qu'il les enchantait et pouvait les retenir par la puissance de la voix qui sortait de sa bouche.

14. Qu'il faisait commencer son enseignement par la réminiscence de la vie antérieure, que l'âme a vécue auparavant, avant de venir dans le corps, où elle se trouve habiter pour l'instant.

(63) En outre, dans le soin des hommes, il faisait le commencement le meilleur, celui-là même que devraient assumer à l'avance ceux qui veulent apprendre la vérité aussi au sujet du reste. En effet, il amenait bon nombre de ceux qu'il rencontrait à se ressouvenir très évidemment et clairement de la vie antérieure que leur âme, avant d'être liée à ce corps-ci, avait un jour vécue, et lui-même montra, par des témoignages indiscutables, qu'il avait été Euphorbe, le fils de Panthoos, l'adversaire de Patrocle, et parmi les vers d'Homère, ceux qu'il célébrait le plus et récitait très harmonieusement en s'accompagnant sur la lyre ou qu'il déclamait souvent, sont les vers consacrés à la mort d'Euphorbe :

> Le sang trempait ses cheveux tout pareils à ceux des Grâces,
> Et ses boucles, bellement disposées grâce à l'or et à l'argent.
> On voit parfois un homme nourrir un plant d'olivier magnifique,
> Dans un lieu solitaire, un beau plant plein de sève,
> Arrosé d'une eau abondante, vibrant à tous les vents, qu'ils soufflent
> D'ici ou de là, et tout couvert de blanches fleurs.
> Mais un vent vient tout soudain en puissante rafale,
> Qui l'arrache à la terre où plonge sa racine et l'étend sur le sol.
> Tel apparaissait le fils de Panthoos, Euphorbe à la bonne lance,
> Que Menelaos l'Atride venait de tuer et qu'il dépouillait de ses armes[41].

En effet, ce que l'on rapporte au sujet du bouclier d'Euphorbe le Phrygien <consacré> à Mycènes avec les dépouilles troyennes à Héra l'Argienne, nous le laissons de côté comme étant complètement banal. La seule chose que nous voulons établir

41. Homère, *Iliade* XVII, vv. 51-60.

par tout cela, c'est que Pythagore connaissait ses vies antérieures et qu'il commençait de s'occuper de quelqu'un par là, en le faisant ressouvenir de la vie qu'il avait eue auparavant.

15. En quoi consistait chez lui la première introduction à l'éducation, c'est-à-dire celle au moyen de la sensation ; comment, grâce à la musique, il redressait l'âme de ceux qui venaient le trouver, et comment lui-même connaissait ce « redressement » dans sa perfection.

(64) Considérant qu'il faut s'occuper des hommes en commençant par la sensation, en leur faisant voir des formes et des figures belles et entendre de beaux rythmes et de belles mélodies, il faisait commencer l'éducation par la musique, au moyen de certaines mélodies et rythmes, grâce auxquels il produisait des guérisons dans les traits de caractère et les passions des hommes, ramenait l'harmonie entre les facultés de l'âme, comme elles étaient à l'origine, et inventait des moyens de contrôler ou de guérir les maladies du corps et de l'âme. Et par Zeus, voici qui mérite par-dessus tout d'être remarqué : pour ses disciples il ordonnait et harmonisait ce que l'on appelle des « arrangements » et des « traitements », en produisant d'une manière vraiment digne d'un démon des mélanges entre certaines mélodies diatoniques, chromatiques et enharmoniques, grâce à quoi il faisait facilement changer et passer dans des états contraires les passions de l'âme, qui venaient de s'installer en eux et de s'introduire d'une manière irrationnelle : chagrins, colères, compassions et jalousies infondées, et peurs, désirs de toutes sortes et mouvements d'irritation, appétits, prétentions, abattements et violences, ramenant chacun de ces états à la vertu correspondante grâce aux mélodies adaptées, comme au moyen de quelque médicament salvateur soigneusement mélangé. **(65)** Le soir, lorsque ses compagnons se préparaient au sommeil, il les débarrassait des soucis du jour et du tumulte et il purifiait leur esprit agité, leur donnant un sommeil paisible, plein de beaux rêves, quelquefois même de songes divinatoires. Lorsqu'ils se levaient, il les débarrassait de leur torpeur nocturne, de leur faiblesse et de l'engourdissement de la nuit au moyen de certains chants et mélodies particuliers, exécutés, sans accompagnement, sur la lyre ou à la voix. À lui-même, en revanche, il n'appliquait pas la même méthode, au moyen d'instruments ou par la voix, mais, mettant à profit une supériorité divine indicible et difficile à comprendre, il tendait son ouïe et fixait son intellect sur les accords célestes de l'univers : lui seul, à ce qu'il paraissait, entendait et comprenait l'harmonie et l'unisson universels des sphères et des astres qui se meuvent en icelles. Et cette harmonie émettait un son plus plein et plus achevé que les harmonies terrestres, parce que le mouvement (ou révolution) des vrombissements dus à des vitesses, des grandeurs et des positions inégales et présentant une différence variable, tout en étant néanmoins rangées les unes par rapport aux autres dans un rapport souverainement musical, était absolument harmonieux et variablement très beau. **(66)** Comme rafraîchi à cette harmonie, il mettait en ordre sa faculté intellective et, pour ainsi dire, il l'entraînait comme un athlète : alors il cherchait à donner du mieux possible une image de cette harmonie à ses compagnons, en en faisant une imitation au moyen d'instruments de musique ou bien par la voix seule. Il considérait en effet que les sons de l'univers étaient compréhensibles et audibles à lui seul parmi tous les habitants de la terre. Et il pensait qu'il était digne d'apprendre et d'étudier à la source même et à la racine de la nature, et de chercher à s'assimiler, par aspiration et par imitation, aux corps célestes, car lui seul avait été aussi heureusement conformé par la divinité qui l'avait créé. Les autres hommes au contraire, pensait-il, devaient se contenter de tourner leur regard vers lui, de profiter des dons venant de lui au moyen d'images et d'exemples et de se corriger, faute de pouvoir véritablement saisir les archétypes premiers et purs ; **(67)** tout comme à ceux qui ne peuvent pas regarder en face le soleil à cause de l'éclat excessif de ses rayons, nous avons appris à montrer les éclipses dans quelque étendue d'eau profonde ou grâce à de la poix fondue ou dans quelque miroir noirci, épargnant ainsi la faiblesse de leur regard tout en leur procurant une perception appropriée à leur état, bien qu'elle ne soit que très faible, dont ils doivent se contenter. On voit bien que c'est ce qu'Empédocle aussi laisse entendre à son sujet, concernant sa conformation exceptionnelle, envoyée en don par les dieux et supérieure à celle de tous les autres hommes, quand il dit :

> Il y avait parmi eux un homme d'un rare savoir,
> Qui avait acquis un immense trésor de connaissances.
> Maître plus que personne en toute sorte d'œuvres savantes,
> Car, lorsqu'il tendait toutes les forces de son esprit,
> Sans peine il discernait toutes choses en détail,
> Pour dix, pour vingt générations humaines[42].

En effet, ces expressions : « rare », « il discernait toutes choses en détail », « trésor de connaissances » et autres semblables, manifestent avant tout la conformation exceptionnelle de Pythagore, bien supérieure à celle de tous les autres hommes, pour ce qui était de voir, d'entendre et de penser.

16. En quoi consistait chez lui l'ascèse purificatrice, que lui aussi pratiquait ; en quoi consistait sa pratique plus parfaite de l'amitié, qui rendait aussi mieux disposé pour la philosophie.

(68) Telle est donc la façon dont il « arrangeait » les âmes au moyen de la musique. On pratiquait encore chez lui un autre type de purification de l'esprit aussi bien que de l'âme tout entière, au moyen de toutes sortes d'occupations, de la manière

42. Empédocle, fr. DK 31 B 29.

suivante. Il pensait que l'on doit faire montre de courage dans les efforts pénibles que l'on fait pour acquérir le savoir et pour s'y exercer, et que, contre le vice inné en chacun de nous et la cupidité, il faut prescrire des épreuves et des punitions les plus variées et des retranchements infligés « par le fer et le feu », ce que l'on ne peut ni supporter ni endurer, si l'on est mauvais. En outre, il enseignait à ses disciples de s'abstenir de la chair de tous les êtres dotés d'une âme et de certains aliments qui empêchent la veille et la pureté de l'esprit ; de s'efforcer de tenir leur langue et de pratiquer un silence complet, ce qui entraîne à pratiquer un langage parcimonieux pendant de longues années ; de faire un examen et une étude soutenus et incessants relativement aux connaissances les plus difficiles à saisir. **(69)** Et, pour les mêmes raisons, il leur enseignait l'abstinence de vin, à ne prendre qu'une alimentation réduite et très peu de sommeil ; [il leur enseignait] d'avoir pour la gloire, la richesse et autres choses de cet ordre, un mépris spontané et de leur résister ; [d'avoir] un respect sans hypocrisie à l'égard des anciens, mais à l'égard de leurs contemporains une égalité non feinte et des dispositions amicales, et, envers les plus jeunes, une sollicitude encourageante, mais exempte d'envie ; et en règle générale, l'amitié de tous pour tous : amitié des dieux pour les hommes grâce à la piété et au culte scientifique ; amitié des doctrines les unes avec les autres, et en général de l'âme avec le corps, du rationnel avec le non rationnel, grâce à la philosophie et à son étude ; amitié des hommes les uns avec les autres : des concitoyens grâce à un salutaire respect de la législation, des membres de groupes ethniques différents grâce à la connaissance correcte de la nature, du mari avec l'épouse ou avec ses frères et parents grâce à une communauté indéfectible ; bref, une amitié de tous avec tous, et même avec certains êtres privés de raison grâce à la justice, grâce à une certaine connexion naturelle et à une communauté ; ou encore dans le corps, qui est par lui-même mortel, la pacification et l'accord entre les qualités contraires qui sont cachées en lui, grâce à la santé, grâce à un régime qui y tend, grâce à la sagesse, à l'imitation de la prospérité qui règne dans les éléments de l'univers. **(70)** Un seul et même nom rassemble et récapitule tous ces aspects, celui d'amitié, et, de l'aveu de tous, c'est Pythagore qui l'a inventé et établi ; c'est lui qui fut la cause essentielle que ses disciples eurent des relations particulièrement adaptées avec les dieux en songe et en rêve, ce qui n'arrive jamais à une âme troublée par la colère ni égarée par le chagrin ni par le plaisir ni par aucun autre désir honteux, par Zeus, ni non plus par la plus impie et la pire de toutes les fautes, l'ignorance. C'est par tous ces moyens que, comme un bon démon, Pythagore soignait et purifiait l'âme, il ranimait l'étincelle du divin qui est en elle, la sauvait et ramenait vers l'intelligible l'œil divin, que, au dire de Platon, il vaut mieux sauver plutôt que mille yeux corporels. Car c'est seulement au moyen de cet œil, à condition qu'il regarde, qu'il soit renforcé et qu'il soit articulé par les appuis qui conviennent, que peut être discernée la vérité relative à la totalité des êtres. C'est donc par rapport à ce but qu'il opérait la purification de l'esprit, et telle était sa façon d'instruire, qui avait regard à ce but.

17. Comment Pythagore soumettait à une épreuve les disciples qui venaient le trouver pour la première fois, et de quelle façon il éprouvait leur caractère avant de les introduire en philosophie.

(71) S'étant ainsi préparé pour enseigner à ses compagnons, lorsque des jeunes gens venaient pour recevoir son enseignement, il ne les acceptait pas avant de les avoir soumis à une épreuve et à un examen. Il cherchait d'abord à savoir quelles relations ils entretenaient avec leurs parents et avec les autres membres de leur famille. Puis il considérait s'ils riaient de façon intempestive, s'ils restaient silencieux et s'ils bavardaient plus qu'il ne fallait. Il cherchait à savoir en outre quels étaient leurs désirs, quels amis ils fréquentaient et quel genre de rapports ils avaient avec eux, à quoi ils consacraient la plus grande partie de la journée, et ce qui leur apportait joie ou chagrin. Il observait en outre leur aspect, leur façon de marcher et en général leur façon de mouvoir leur corps, et, en utilisant les indices que lui fournissait la nature pour mener une enquête physiognomonique, il interprétait ce qui est visible comme des signes des traits de caractère qui restent invisibles dans l'âme. **(72)** Et celui qu'il avait soumis à cet examen, il l'abandonnait pendant trois ans en le regardant de haut, pour évaluer à quel point il était persévérant, si son désir d'apprendre était véritable et s'il était assez prémuni contre l'opinion pour faire fi des honneurs. Après ces trois ans, il imposait à ceux qui s'attachaient à lui un silence de cinq ans, pour vérifier à quel point ils se maîtrisaient, car la plus difficile de toutes les maîtrises est celle qu'on impose à sa langue, comme nous le font voir aussi ceux qui ont institué les mystères.

Durant cette période-là, ce que chacun possédait, c'est-à-dire ses biens, était mis en commun, confié aux disciples désignés pour cette tâche, ceux que l'on appelait les « politiques », parce qu'ils s'occupaient d'administration et de législation. Et eux, s'ils paraissaient dignes d'avoir accès à ses enseignements, en en jugeant d'après leur mode de vie et l'ensemble de leur comportement, devenaient désormais, après avoir observé le silence de cinq ans, des « ésotériques » ; et ils écoutaient Pythagore du côté intérieur du rideau en étant admis à le voir en personne. Avant cela, parce qu'ils se trouvaient de l'autre côté du rideau et qu'ils ne pouvaient jamais le voir, ils n'avaient accès à ses enseignements que par l'ouïe, pendant la longue période de temps au cours de laquelle ils étaient soumis aux épreuves destinées à évaluer le caractère qui était le leur. **(73)** Mais s'ils étaient renvoyés, ils recevaient le double de leur fortune, et, comme s'ils étaient morts, un monument leur était élevé par les « co-auditeurs » (c'est le nom que l'on donnait à tous les disciples de Pythagore). Lorsqu'ils rencontraient ceux qui n'avaient pas été admis, les disciples faisaient comme s'ils rencontraient d'autres personnes, car, disaient-ils, ceux que, dans l'espoir de les rendre parfaits à partir de leurs enseignements, ils avaient tenté de « modeler », étaient morts. Ceux qui n'avaient pas été réceptifs à ces enseignements étaient considérés comme « mal conformés », et pour ainsi dire comme immatures et stériles. **(74)** En tout cas, si à la suite de l'examen physiognomonique auquel ils l'avaient soumis à partir de son aspect physique, de sa démarche, de sa façon d'accomplir toute autre espèce de mouvement, et du reste de ses attitudes, et parce qu'on formait de bons espoirs à son sujet, le candidat, après avoir été soumis à la période de silence de cinq ans, après avoir été intronisé aux mystères et aux initiations de tant de savoirs, après que son âme eut connu tant de purifications et tant d'expiations dont la puissance était si grande et qui découlaient de savoirs si divers, grâce à quoi chez tout le monde naissent de toute façon la vivacité de l'esprit et la sainteté de l'âme, — si donc l'on trouvait ce candidat encore difficile à ébranler et incapable de suivre, alors, après lui avoir élevé dans l'École une stèle qui gardait son souvenir (comme on l'avait fait pour Perillos de Thourioi et pour Kylôn, le gouverneur de Sybaris, lorsqu'ils avaient été refusés par eux), ils le renvoyaient de la communauté, après l'avoir chargé de beaucoup d'or et d'argent (car les richesses, communes à tous et mises de côté, étaient administrées en commun par ceux qui étaient aptes pour cette tâche et qu'on appelait « administrateurs » en raison de leur charge). Et désormais s'il leur arrivait de le rencontrer d'une façon ou d'autre, ils considéraient que cet individu était n'importe qui d'autre plutôt que celui qui, pour eux, était mort.

(75) Voilà pourquoi Lysis, réprimandant un certain Hipparque pour avoir communiqué des doctrines à des « non-introduits », c'est-à-dire à des gens qui n'y avaient pas été préparés par l'acquisition de savoirs ou par la doctrine, dit : « On raconte que tu enseignes publiquement la philosophie au premier venu, ce que Pythagore refusait de faire, comme tu l'as bien appris, Hipparque ; mais cette règle tu ne l'as pas observée, parce que tu as goûté, mon bon, au luxe sicilien, qui n'aurait pas dû te vaincre. Si donc tu changes d'attitude, je m'en réjouirai ; sinon, tu es mort. Car (poursuit-il) c'est faire preuve de piété que de se rappeler les préceptes relatifs aux dieux et aux êtres humains donnés par lui, et de ne pas partager les biens de la sagesse avec ceux dont l'âme n'a pas été purifiée, fût-ce en rêve. Il n'est pas permis de mettre à la disposition du premier venu ce qui a été obtenu après tant de combats et d'efforts, pas plus qu'il n'est permis de divulguer aux profanes les mystères des deux déesses d'Éleusis. Car ceux qui commettent ces actes sont également injustes et impies. **(76)** Il est bon de considérer combien de temps il nous a fallu passer à nettoyer <l'impureté> gravée en notre cœur, jusqu'à ce que, les années passant, nous soyons devenus capables de recevoir ses enseignements. Car, de même que, avant de les traiter, les teinturiers nettoient avec un mordant les vêtements qu'ils vont teindre, de façon qu'ils s'imprègnent d'une teinte qui soit ineffaçable et jamais ne se défraîchisse, de même aussi cet homme, qui est un démon, préparait les âmes de ceux qui étaient épris de la philosophie, pour éviter d'être induit en erreur sur le compte d'un de ceux dont il espérait qu'ils deviendraient parfaits. En effet, il ne faisait pas commerce de discours trompeurs ou captieux, avec lesquels la plupart des sophistes, qui ne s'adonnent à aucune occupation salutaire, attrapent les jeunes gens, mais c'était un connaisseur des réalités divines et humaines. En revanche, les sophistes, qui ont pris prétexte de l'enseignement donné par lui pour faire beaucoup de choses terribles, attrapent scandaleusement et méthodiquement les jeunes gens dans leur nasse. **(77)** C'est pourquoi ils rendent malveillants et téméraires leurs auditeurs. En effet, ils déversent dans des personnalités instables et troubles du savoir et de divines doctrines, comme si l'on versait dans un puits profond rempli de boue une eau pure et limpide : on n'arriverait qu'à remuer la boue et à faire disparaître l'eau pure. Eh bien, les enseignants et les enseignés de cette sorte ressemblent à ces gens-là. En effet, des fourrés épais et touffus poussent dans l'esprit et dans le cœur de ceux qui, sans s'être purifiés, sont intronisés aux mystères de ces savoirs, rejetant ainsi dans l'ombre tout ce qu'il y a de civilisé, de doux et de rationnel dans l'âme et empêchant la partie intellectuelle de se développer et d'émerger à la lumière. Dans un premier temps, je voudrais indiquer quelles sont les mères de ces dérèglements et dire quel est leur nom : ce sont l'intempérance et la cupidité. **(78)** Ces deux vices sont par nature prolifiques. En vérité, l'intempérance a pour rejeton mariages illicites, corruptions, ivrogneries, plaisirs contre nature et certains désirs véhéments qui précipitent dans des abîmes, dans des gouffres. En effet, le désir a poussé certains à ne respecter ni leur mère ni leur fille. Ces passions, méprisant, comme un tyran, cité et loi, s'installent et, liant les bras de leur victime dans le dos comme s'il s'agissait de prisonnier de guerre, la conduisent de force à sa destruction la plus complète. La cupidité, elle, donne naissance à vols, brigandages, parricides, sacrilèges, empoisonnements et à tous les maux qui en sont les frères. Il faut donc, dans un premier temps, élaguer "par le fer et par le feu" et par tous les moyens que fournissent les savoirs, les bosquets dans lesquels se cachent ces passions, et, après avoir libéré la raison de maux si nombreux, apporter quelque chose d'utile destiné à y être planté ».

(79) C'est une attention aussi grande et aussi impérieuse, estimait Pythagore, qu'il faut porter à l'acquisition des connaissances avant d'aborder l'étude de la philosophie. Il insistait sur la nécessité d'accorder une dignité exceptionnelle à l'enseignement et à la transmission des doctrines qui venaient de lui et de les faire précéder d'une enquête particulièrement minutieuse, destinée à mettre à l'épreuve et à juger les conceptions des candidats en utilisant un enseignement varié et des exposés scientifiques en grand nombre.

18. En combien de sortes, et suivant quels critères, Pythagore divisait ses auditeurs, et pour quelles raisons il les distinguait ainsi.

(80) Après cela, disons comment il répartissait en groupes distincts suivant leur valeur respective ceux qu'il avait acceptés. En effet, il n'était pas bien que tous participassent également au même enseignement, puisque leurs capacités naturelles n'étaient pas identiques. Il n'était pas bien non plus que certains eussent accès à tous les enseignements les plus élevés, alors que d'autres n'auraient accès à aucun enseignement d'aucune façon. Une telle situation ne favorisait pas l'intégration et allait contre la justice. En revanche, en donnant à chacun accès à la part d'enseignement qui lui convenait, il était utile à tous dans la mesure du possible et il respectait le principe de la justice, surtout parce qu'il accordait à chacun l'enseignement convenable. Suivant ce principe, il appela certains disciples « Pythagoriciens », d'autres « Pythagoristes », comme nous faisons une différence entre « Attiques » et « Atticistes » ; et tout naturellement, après leur avoir donné un nom distinctif, il établit les premiers comme ses légitimes disciples et décida que les autres seraient considérés comme leurs émules. **(81)** Cela étant, il décida que les Pythagoriciens mettraient en commun leurs biens et qu'ils vivraient tout le temps en communauté, mais ordonna que les autres restassent en possession de leurs propriétés personnelles, et se réunissent au même endroit pour partager leurs études.

Voilà comment fut établie à partir de Pythagore cette succession selon l'un et l'autre types de vie. Si l'on considère les choses d'un autre point de vue, il y avait deux sortes de philosophie, car ceux qui s'y adonnaient se répartissaient aussi en ces deux groupes : les « acousmatiques » et les « mathématiciens ». Les « mathématiciens » étaient reconnus par l'autre groupe comme « Pythagoriciens », tandis que les « acousmatiques » ne l'étaient pas par les « mathématiciens ». Les « mathématiciens » estimaient que la doctrine des « acousmatiques » venait non pas de Pythagore, mais d'Hippasos, qui était de Crotone selon certains, de Métaponte selon d'autres.

(82) La philosophie des « acousmatiques » est faite de maximes sans démonstration ni explication du « pourquoi il faut faire ainsi », et tout ce qu'il a pu dire par ailleurs, les « acousmatiques » s'efforcent de l'observer comme autant de doctrines divines ; eux, de leur côté, ne prétendent pas parler de par eux-mêmes et ils ne pensent pas qu'il le faille, mais ils regardent comme les mieux préparés à la sagesse ceux d'entre eux qui ont reçu le plus grand nombre de maximes. Dans l'ensemble, les « maximes » (c'est ainsi <qu'on les appelle>), se répartissent en trois sortes. Les unes en effet indiquent « qu'est-ce que c'est ? », d'autres « qu'est-ce qui est le plus.. ? », d'autres enfin « ce qu'il faut faire ou ne pas faire ». Voici des exemples de maximes du type « qu'est-ce que c'est ? » : « Qu'est-ce que les "îles des bienheureux" ? – Le soleil et la lune ». « Qu'est-ce que l'oracle de Delphes ? – La *tetraktus*, c'est-à-dire l'harmonie, selon laquelle [chantent] les Sirènes ». Exemples de maximes du type « qu'est-ce qui est le plus… ? » : « Qu'est-ce qui est le plus juste ? – Offrir un sacrifice ». « Qu'est-ce qui est le plus savant ? – Le nombre, et en second lieu ce qui donne leur nom aux choses ». « Qu'est-ce qui est le plus sage parmi nos connaissances ? – La médecine ». « Qu'est-ce qui est le plus beau ? – L'harmonie ». « Qu'est-ce qui a le plus de puissance ? – La faculté de jugement ». « Qu'est-ce qui est le meilleur ? – Le bonheur ». « Qu'est-ce qu'on dit de plus vrai ? – Que les hommes sont méchants ». Voilà pourquoi, disent-ils, il fit l'éloge du poète Hippodamas de Salamine, pour avoir composé les vers suivants :

> Dieux, d'où venez-vous, d'où vient que vous soyez devenus tels ?
> Hommes, d'où venez-vous, d'où vient que vous soyez devenus de la [sorte méchants ?

(83) Voilà donc des exemples de maximes de ce type ; chacune d'elles montre bien « Qu'est-ce qui est le plus... ? » Cette [forme de sagesse] est identique à celle que l'on appelle « sagesse des sept Sages ». En effet, les sept Sages cherchaient non pas « Qu'est-ce que le bien ? », mais « qu'est-ce qui est le mieux ? », non pas « Qu'est-ce qui est difficile ? », mais « Qu'est-ce qui est le plus difficile ? » (à savoir se connaître soi-même), non pas « Qu'est-ce qui est facile ? », mais « Qu'est-ce qui est le plus facile ? » (à savoir s'en remettre à l'habitude). Les maximes de ce genre semblent bien suivre le modèle de ce genre de sagesse, car les sept Sages sont antérieurs à Pythagore.

Exemples de maximes qui indiquent « ce qu'il faut faire ou ne pas faire » : « Il faut engendrer des enfants » (car il faut laisser derrière soi des serviteurs pour le dieu), « il faut enfiler la chaussure droite en premier », « il ne faut pas emprunter les grand-routes », « il ne faut pas plonger la main dans un récipient contenant de l'eau lustrale ni se laver aux bains publics », car dans tous ces cas, on ne peut savoir de façon évidente si les gens qui sont rassemblés là sont purs. **(84)** En voici d'autres exemples : « Ne pas aider à décharger un fardeau », car il ne faut pas encourager le manque d'effort, « mais aider à le charger ». « Ne pas avoir de rapports sexuels dans le but d'avoir des enfants avec une femme qui porte de l'or », « ne pas parler sans lumière », « faire des libations aux dieux du côté de l'anse de la coupe pour obtenir un présage », pour ne pas boire du même côté. « Ne pas porter sur une bague l'image d'un dieu comme cachet », pour éviter que le dieu ne soit souillé, car c'est une statue qu'il faut installer dans la maison. « Ne pas poursuivre celle qui est son épouse », car c'est une suppliante ; voilà pourquoi nous l'amenons depuis son foyer, et la prenons par la main droite. « Ne pas <sacrifier> un coq blanc », car c'est un suppliant, consacré au dieu du Mois (c'est pour cela que les coqs indiquent l'heure). **(85)** « Ne donner aucun conseil qui ne soit en vue du meilleur pour celui à qui il est destiné », car le conseil est chose sacrée. « La peine est une bonne chose, tandis que les plaisirs sont dans tous les cas chose mauvaise », car étant venus pour être punis nous devons être punis. « C'est déchaussé qu'il faut sacrifier ou entrer dans les temples ». « On ne doit pas se détourner de sa route pour entrer dans un temple », car il ne faut pas mettre le dieu au second rang. « C'est chose bonne que de mourir en restant à son poste, avec des blessures sur le devant du corps », le contraire étant aussi chose contraire. « Il n'est permis d'offrir en sacrifice que des vivants en qui l'âme humaine n'entre pas : c'est pourquoi, ceux à qui il est permis de manger ne doivent manger que des vivants sacrifiables et aucun autre. Voilà donc des exemples de ces maximes ; celles qui sont les plus longues concernent les sacrifices, quel est le moment opportun pour offrir chacun, le reste des <honneurs à rendre aux dieux>, le départ d'ici-bas, et comment procéder aux sépultures.

(86) Cela étant, dans le cas de certaines maximes, on explique en outre <pourquoi> il faut l'observer ; par exemple : « Il faut engendrer des enfants », pour laisser en remplacement un autre serviteur pour le dieu. Pour d'autres, aucune raison n'est ajoutée.

Certaines des raisons données semblent avoir été là dès l'origine, d'autres sont des additions tardives ; par exemple : « Ne pas rompre le pain », parce que ce n'est pas utile pour le jugement dans l'Hadès. Quant aux explications vraisemblables données pour des maximes de ce genre, elles ne viennent pas des Pythagoriciens, mais sont le fait de personnes extérieures à l'École qui voulaient faire montre de leur habileté et qui tentaient de donner une raison vraisemblable à ces maximes, comme par exemple, pour la maxime que nous discutons. Pour quelle raison faut-il s'abstenir de rompre le pain ? Les uns disent qu'« il ne faut pas briser le pain qui réunit » (autrefois, en effet, tous les hommes, comme les Barbares le font, se réunissaient amicalement autour d'un seul pain) mais d'autres disent qu'il ne faut pas commencer en donnant un tel présage, en rompant et en brisant le pain.

Il n'en reste pas moins que tout ce que les Pythagoriciens définissent à propos de ce qu'il faut faire ou ne pas faire, vise le divin. Là est leur point de départ, et leur vie tout entière est ordonnée en vue de « suivre le dieu » ; c'est la devise même de cette philosophie. **(87)** En effet, lorsqu'ils cherchent le bien ailleurs que chez les dieux, les hommes se conduisent de façon aussi ridicule que quelqu'un qui, habitant dans une contrée gouvernée par un roi, honorerait un personnage de rang inférieur, et négligerait celui qui règne sur tous ; c'est ainsi, pensent-ils, que se conduisent les hommes. Puisqu'il y a un dieu et qu'il est seigneur de toutes choses, il va de soi qu'il faut demander ce qui est bien à celui qui est le maître. Tous les gens en effet accordent leurs faveurs à ceux qu'ils aiment et chérissent, et adoptent une conduite contraire à l'égard de ceux qui ont une conduite contraire.

Voilà en quoi consistait la sagesse de ces gens [les acousmatiques] et comment elle se présentait. Un certain Hippomedôn, un Argien d'Asinê, un Pythagoricien du groupe des acousmatiques, prétendait que Pythagore avait donné explication et démonstration pour toutes les maximes, mais que, parce que les intermédiaires avaient été nombreux et de plus en plus négligents, cette explication s'était perdue, et seule avait subsisté la question [du problème]. Et ceux des Pythagoriciens qui s'intéressent aux mathématiques admettent non seulement que ces gens-là sont des pythagoriciens, mais qu'eux-mêmes le sont plus encore, et que ce qu'ils disent, est la vérité.

Voici, disent [les mathématiciens], quelle fut l'origine de la différence entre les groupes. **(88)** Lorsque Pythagore quitta l'Ionie et plus précisément Samos sous la tyrannie de Polycrate, il arriva dans une Italie qui était au sommet de sa splendeur. Les gens importants dans les cités firent sa connaissance. Parmi eux, il se contenta de s'entretenir avec ceux qui étaient âgés ou qui n'avaient pas de loisir parce qu'ils s'occupaient des affaires publiques, étant donné qu'il aurait été difficile de les instruire au moyen des mathématiques et de démonstrations ; il était convaincu qu'il n'en était pas moins utile qu'ils sachent ce qu'il faut faire, même sans en connaître la raison, tout de même que ceux que traite un médecin, même s'ils n'ont pas appris pourquoi chaque traitement doit leur être appliqué, n'en recouvrent pas moins la santé. En revanche, les jeunes qu'il rencontrait et qui pouvaient travailler dur pour apprendre, tous ceux-là il les instruisait au moyen de [la méthode de] démonstrations et des mathématiques.

Les « mathématiciens » descendent donc de ceux-là, alors que les « acousmatiques » viennent des premiers. Concernant Hippasos en particulier ; c'était un Pythagoricien, mais, parce qu'il avait été le premier à divulguer par écrit comment on pouvait construire une sphère à partir de douze pentagones, il périt en mer pour avoir commis un acte d'impiété, tout en recevant la gloire comme s'il avait fait la découverte, alors que tout cela vient de « lui » (c'est ainsi en effet que les Pythagoriciens désignent Pythagore, car ils ne l'appellent pas par son nom). **(89)** Voici comment, suivant les Pythagoriciens, fut divulguée la géométrie : un Pythagoricien perdit ses biens, et par suite de ce malheur, il lui fut accordé de gagner de l'argent en enseignant la géométrie. Pythagore appelait la géométrie l'« enquête ».

Voilà donc les informations que nous avons recueillies, concernant la différence entre les deux types d'études et les deux groupes de disciples qui reçurent l'enseignement de Pythagore. Ceux qui reçurent l'enseignement de Pythagore d'un côté du rideau ou de l'autre, ceux qui l'entendirent en étant admis ou non à le voir, ceux qui furent répartis entre ceux de l'intérieur et ceux de l'extérieur, ceux-là ne sont autres que ceux sur lesquels nous avons recueilli ces informations. Quant à ceux que l'on appelle « politiques », « administrateurs » ou « législateurs », il faut les ranger dans les mêmes catégories.

19. Que Pythagore a découvert plusieurs voies pour utilement instruire les hommes ; où l'on raconte aussi sa rencontre avec Abaris, et comment il l'amena à la sagesse suprême par d'autres voies d'enseignement.

(90) De façon générale, il faut savoir que Pythagore découvrit de multiples voies d'enseignement, et qu'il transmettait à chacun, en fonction de ses dispositions naturelles et de ses possibilités, la part de savoir qui lui revenait. En voici la meilleure preuve. Lorsque Abaris le Scythe vint de chez les Hyperboréens, il était ignorant de la culture grecque, non initié et avancé en âge. Aussi ne l'introduisit-il pas à des doctrines complexes, et, au lieu de le soumettre à une période de silence de cinq ans, de lui imposer un enseignement qui devait durer aussi longtemps et de le soumettre aux autres épreuves, il le déclara aussitôt apte à écouter ses doctrines, et lui expliqua à fond le traité *Sur la nature* et un autre *Sur les dieux* de la façon la plus succincte possible. **(91)** Abaris en effet venait de chez les Hyperboréens, c'était un prêtre de l'Apollon de là-bas, un homme âgé, fort expert en matière de rites. Alors que, retournant de Grèce vers son pays, pour déposer dans le temple d'Apollon chez les Hyperboréens l'or recueilli pour le dieu, il passait par l'Italie, il vit Pythagore et lui trouva une grande ressemblance avec le dieu dont il était le prêtre. En fait, il crut qu'il était réellement Apollon lui-même, et non pas seulement un être humain ressemblant à ce dieu. Se fondant sur les caractères augustes qu'il avait discernés en lui et sur les signes de reconnaissance que, comme prêtre, il connaissait à l'avance, il offrit à Pythagore une flèche qu'il avait prise avec lui dans le temple lorsqu'il était parti, et qui devait lui servir à affronter les difficultés qu'il allait rencontrer pendant une aussi longue errance. Car c'est en la chevauchant qu'il traversait les endroits impraticables, fleuves, étangs, marais, montagnes et autres lieux du même genre. Et c'est en s'adressant à la flèche, raconte-t-on, qu'il accomplissait des rites purificatoires et écartait fléaux et vents des cités qui avaient demandé son secours. **(92) [...]** Quand Pythagore reçut la flèche, il ne fut pas étonné, et il ne demanda pas non plus pour quelle raison Abaris lui en faisait don, mais, comme s'il était vraiment le dieu lui-même, il prit Abaris à part et il lui montra sa cuisse en or, lui donnant ainsi un signe prouvant qu'il ne s'était pas trompé. Après lui avoir énuméré, l'une après l'autre, les offrandes déposées dans le temple, et lui avoir ainsi fourni une bonne preuve qu'Abaris n'avait pas deviné à tort, il ajouta qu'il était venu pour prendre soin des hommes et leur prodiguer des bienfaits, et que s'il avait pris une forme humaine, c'était pour éviter que, décontenancés par sa supériorité, les humains ne fussent troublés et ne se détournassent de l'enseignement qu'il offrait. Il pria Abaris de rester, de se joindre à lui pour redresser ceux qu'ils rencontreraient et de partager l'or qu'il avait recueilli avec ceux qui le méritaient, c'est-à-dire ceux qui, guidés par la raison, mettaient en pratique la maxime suivant laquelle « entre amis tout est commun ». **(93)** Ainsi, lorsqu'Abaris décida de rester, il lui enseigna succinctement, comme nous l'avons dit tout à l'heure, la science de la nature et celle des dieux, et, pour remplacer la divination par les entrailles des animaux sacrifiés, il lui enseigna à prévoir l'avenir par les nombres, parce qu'il tenait cette pratique pour plus pure, plus divine et plus apparentée aux nombres célestes des dieux ; il enseigna encore à Abaris d'autres pratiques qui lui convenaient. Mais, pour en revenir au sujet sur lequel porte le présent exposé, il s'efforçait de redresser chacun d'une façon différente, suivant son naturel et sa capacité. Les détails de ces activités n'ont pas tous été transmis aux hommes, et il n'est pas facile d'exposer ce qui en a été conservé en mémoire. **(94)** Mentionnons pourtant un petit nombre de traits, et encore les plus connus, de l'éducation pythagoricienne, et de souvenirs des pratiques qui appartenaient à ces hommes.

20. Quelles sont les pratiques particulières de la philosophie de Pythagore, comment Pythagore les enseignait, et comment il entraînait à chaque nouvelle génération ceux qui pratiquaient la philosophie.

Dans un premier temps, donc, pour examiner à fond ceux qui venaient à lui, il observait s'ils pouvaient tenir leur langue (c'était en effet le terme dont il faisait usage), il examinait s'ils étaient capables de se taire et de garder pour eux ce qu'ils avaient entendu durant l'enseignement qu'ils avaient reçu. Ensuite, il observait s'ils étaient modestes, et il s'occupait plus du silence que de la parole. Il examinait aussi tous les autres aspects de leur caractère, de crainte qu'ils ne soient fascinés sans recours par la passion ou le désir. Il portait toute son attention sur ce genre de choses : par exemple comment ils réagissaient à la colère, ou au désir, s'ils aimaient la compétition ou les honneurs, s'ils étaient disposés à la querelle ou à l'amitié. Et si, relativement à tous les points sur lesquels il les avait examinés méticuleusement, ils paraissaient présenter de bonnes dispositions, alors il faisait porter son examen sur leur facilité à apprendre et sur leur mémoire. Dans un premier temps, il vérifiait s'ils étaient en mesure de suivre rapidement et attentivement ce qu'on leur disait ; ensuite s'il s'ensuivait en eux amour et bienveillance pour ce qu'on leur enseignait. **(95)** Il cherchait à savoir en effet s'ils étaient naturellement amènes — il appelait cela « correction ». En revanche, il pensait que la sauvagerie était l'ennemi d'une éducation comme celle qu'il proposait. En effet, avec l'agressivité viennent, on le sait, le manque de retenue, l'impudence, le dérèglement, une conduite intempestive, la difficulté à apprendre, le manque de respect à l'égard de l'autorité, le déshonneur et tout ce qui s'ensuit, avec la douceur et l'aménité, en revanche, tout le contraire. Voilà donc ce sur quoi, au cours de cette mise à l'épreuve, portait son examen et ce à quoi il entraînait ceux qui suivaient son enseignement. Ceux qui étaient aptes à tirer des bénéfices de sa sagesse, il les admettait et, l'admission faite, il cherchait à les initier aux sciences. Mais, s'il s'apercevait que quelqu'un n'était pas apte, il le renvoyait comme n'appartenant pas au groupe, comme un étranger.

21. Sur les pratiques qu'établit Pythagore, et qu'il a enseignées à ses disciples à soigneusement observer tout le long du jour ; certains préceptes en accord avec ces pratiques.

Après cela, je vais parler des pratiques qu'il enseignait à ses disciples toute la journée. En effet, c'est selon son enseignement que ceux qui suivaient sa voie agissaient ainsi.

(96) Au point du jour, les disciples faisaient une promenade en solitaires, et en des lieux où ils pouvaient trouver calme et tranquillité requis, là où il y avait des temples, des bois sacrés et toute autre chose qui réjouisse le cœur. Ils estimaient en effet qu'ils ne devaient rencontrer personne avant d'avoir apaisé leur propre âme et mis de l'ordre dans leur esprit ; or, ce genre de tranquillité est tout indiqué pour l'apaisement de l'esprit. Car ils considéraient comme source de perturbation le fait de se précipiter dans la foule dès le réveil. C'est pourquoi tous les Pythagoriciens ont toujours choisi les endroits les plus sacrés. Après leur promenade matinale, ils se rencontraient les uns les autres, surtout dans des temples ; et sinon, dans des lieux similaires. C'est le moment qu'ils consacraient à l'enseignement et à l'instruction, et au redressement de leur caractère.

(97) Après s'être adonnés à ces occupations, ils se tournaient vers le soin de leur corps. La plupart s'enduisaient le corps d'huile et s'adonnaient à la course ; quelques-uns peu nombreux pratiquaient la lutte dans les jardins et les bois sacrés ; d'autres, le lancer de poids ou la boxe, en prenant bien soin de choisir des exercices corporels adaptés à la capacité de leur corps. Pour le déjeuner, ils se nourrissaient de pain avec du miel ou des rayons de miel, et dans la journée ils ne buvaient pas de vin. Après le déjeuner, ils s'occupaient des problèmes d'organisation qui concernaient tant les gens de l'extérieur que les étrangers, comme le prescrivaient leurs lois : en effet, elles prévoyaient de régler tous ces problèmes dans les heures qui suivaient le déjeuner. Lorsque le soir venait, ils se promenaient de nouveau, mais non plus seuls comme pour la promenade du matin ; c'est par deux ou par trois qu'ils se promenaient alors, se remémorant ce qu'ils avaient appris et s'exerçant dans les belles occupations.

(98) Après cette promenade, ils prenaient un bain, et, après leur bain, ils se réunissaient pour prendre leur repas en commun ; pas plus de dix personnes pouvaient manger ensemble. Lorsque ceux qui prenaient leur repas en commun étaient réunis, ils faisaient des libations et offraient un sacrifice d'herbes aromatiques et d'encens. Ensuite, ils allaient au dîner, de façon à en avoir fini avant le coucher du soleil. Ils buvaient du vin, et mangeaient des galettes, du pain, le plat de résistance et des légumes bouillis ou crus. De la viande d'animaux sacrifiés leur était présentée, mais rarement des produits de la mer, car, pour un certain nombre de raisons, certains d'entre eux ne devaient pas être consommés.

(99) Après le dîner, on faisait des libations, puis on faisait la lecture. Suivant la coutume, le plus jeune faisait la lecture, tandis que le plus vieux indiquait ce qu'il fallait lire et de quelle façon. Au moment de se quitter, l'échanson versait dans leur coupe du vin pour une libation et, lorsqu'ils avaient fait leur libation, le plus vieux rappelait ces recommandations : ne pas endommager ni détruire une plante cultivée ou qui donnait des fruits, et, de même pour l'animal qui n'est pas, par nature, un danger pour l'espèce humaine, ne pas l'endommager, ne pas le détruire. **(100)** À ces recommandations, il ajoutait les suivantes : à l'égard de la race divine, de celle des démons et de celle des héros n'avoir que des mots respectueux et un état d'esprit révérencieux ; à l'égard des parents et des bienfaiteurs avoir le même état d'esprit. Venir au secours de la loi et combattre l'illégalité. Une fois ces exhortations faites, chacun retournait chez soi. Ils portaient des vêtements blancs et immaculés, et les couvertures de leur lit étaient semblablement blanches et immaculées. Leurs couvertures de lit étaient des tuniques de lin, car ils n'usaient pas de laine. Pour ce qui est de la chasse, ils n'admettaient pas qu'on la pratique ni non plus qu'on s'y adonne à titre d'exercice. Voilà donc ce qui était enseigné chaque jour à la plupart des Pythagoriciens relativement à la nourriture et à la façon de mener leur vie.

22. En quoi consiste l'éducation au moyen des préceptes pythagoriciens, qui concernent la vie et les opinions humaines.

(101) Un autre type d'éducation est transmis au moyen des « préceptes pythagoriciens », qui concernent la vie et les opinions humaines. Je ne donnerai que quelques exemples de ces « préceptes » dont le nombre est grand. Les Pythagoriciens recommandaient de débarrasser l'amitié véritable de toute compétition et de toute rivalité, dans tous les cas si possible, sinon dans le cas de l'amitié qui s'attache aux parents et aussi de celle qui s'attache aux personnes plus âgées, de même aussi de celle qui s'attache aux bienfaiteurs. En effet, avec des personnes de cette sorte, si en plus intervient quelque accès de colère ou d'une passion de la sorte, la compétition et la rivalité ruinent l'amitié qui existait. Ils disaient que, dans l'amitié, il doit y avoir le moins de blessures et de plaies possible. Tel sera le cas si les deux parties savent céder et maîtriser leur colère, surtout évidemment pour le plus jeune qui occupe l'une quelconque des positions susdites. Les redressements et les admonestations, qu'ils appelaient « rétablissements », doivent, pensaient-ils, être adressés en termes très bienveillants et avec beaucoup de précaution par les plus âgés à l'intention des plus jeunes. En outre, dans les admonestations, devaient se manifester beaucoup de sollicitude et d'affection, car c'est à cette condition que l'admonestation peut être opportune et profitable. **(102)** Il ne faut jamais retrancher la confiance de l'amitié ni par plaisanterie ni sérieusement. En effet, il n'est pas facile de garder en bonne santé une amitié existante une fois que le mensonge s'est insinué dans le caractère de ceux qui se prétendent des amis. Il ne faut pas renoncer à l'amitié en raison d'un malheur ou de tout autre accident qui frappe la vie de tous les jours, mais seule une faute grave et irréparable peut constituer une raison acceptable pour renoncer à un ami et à une amitié. Telle était donc leur méthode de redressement par le moyen de préceptes concernant toutes les vertus et le mode de vie dans son ensemble.

23. En quoi consistent l'exhortation à la philosophie au moyen de symboles et l'indication secrète et cachée de doctrines, <laquelle> ne fut transmise par Pythagore qu'à ceux qui avaient reçu l'enseignement, selon la coutume des Égyptiens et des plus anciens théologiens chez les Grecs.

(103) C'était chez lui un type d'enseignement essentiel que celui au moyen des "symboles". Ce type de style, en effet, était très pratiqué par presque tous les Grecs en raison de son ancienneté, mais les Égyptiens l'utilisaient tout particulièrement de la façon la plus variée. De la même façon, chez Pythagore aussi, ce type d'enseignement était l'objet de beaucoup de soin, à condition de pouvoir déterminer clairement à quelle rectitude et à quelle vérité ont part la signification des symboles pythagoriciens et leur sens caché, une fois qu'ils sont révélés et débarrassés de leur forme énigmatique, et sont associés, par une explication simple et sans artifice, aux grandioses conceptions de ces philosophes, divinisés au-delà même de l'intelligence humaine. **(104)** De fait, les membres de son École, et surtout les plus anciens, ses contemporains et ceux qui, dans leur jeunesse, se mirent à l'écoute de l'enseignement d'un Pythagore déjà vieux, comme Philolaos, Eurytos, Charondas, Zaleukos, Brysôn, Archytas l'Ancien, Aristaios, Lysis, Empédocle, Zamolxis, Épiménide, Milon, Leucippos, Alcméon, Hippase, Thymaridas, de même que tous ceux qui furent leurs disciples, cette troupe d'hommes remarquables et hors du commun —, [tous ces hommes] ne rendaient pas d'emblée compréhensibles à leurs destinataires, en utilisant la langue commune, ordinaire et comprise de tout le monde, dans le but de rendre facilement accessible ce qu'ils voulaient dire, leurs discussions et leurs entretiens mutuels, leurs mémoires et leurs notes, et même les écrits qu'ils avaient déjà composés et tous ceux qu'ils avaient diffusés (dont un bon nombre d'ailleurs sont parvenus jusqu'à nous), mais, obéissant à la règle des mystères divins, que leur avait prescrite Pythagore, suivant laquelle il faut « tenir sa langue », ils recouraient au secret pour parler devant des non-initiés et dissimulaient au moyen de symboles les discussions qu'ils avaient entre eux comme leurs écrits. **(105)** Et à moins de les interpréter et de les <saisir> au moyen d'une interprétation qui ne donne pas prise au sarcasme, après avoir fait un choix parmi les symboles en question, ce qu'ils disent apparaîtrait au commun ridicule et digne d'histoires de bonne femme, plein de niaiserie et de bavardage. En revanche, lorsqu'ils sont interprétés comme doivent l'être des symboles, au lieu de rester obscurs pour la plupart des gens, ils deviennent transparents et lumineux, comparables à des prophéties ou aux oracles d'Apollon Pythien ; ils révèlent une pensée étonnante et produisent une inspiration démonique chez ceux des amateurs d'étude qui se sont donné la peine de les comprendre. Il n'est pas inutile de citer quelques symboles pour faire apparaître plus clairement en quoi consistait cette manière d'enseigner. « N'entre pas dans un sanctuaire ou en général ne te prosterne pas, alors que tu fais route dans un autre but, même si tu te trouves à passer juste devant les portes ». « Déchausse-toi pour offrir un sacrifice et pour te prosterner ». « Évite les grand-routes et prends par les sentiers ». « Ne parle pas d'affaires pythagoriciennes sans lumière ». Tel était, brièvement exposé, son enseignement au moyen de symboles.

24. De quels aliments s'abstenait absolument Pythagore, desquels il recommandait à ses disciples de s'abstenir, et comment sur ce point il établit des lois différentes selon les divers types de vie de chacun, et pour quelles raisons.

(106) Puisque l'alimentation contribue grandement à l'éducation la meilleure, lorsqu'elle est bonne et équilibrée, considérons quelles lois [Pythagore] établit à son sujet aussi. Parmi les aliments, il rejetait, d'une manière générale, tous ceux qui sont de nature venteuse et causent un dérangement, alors qu'il admettait et recommandait de consommer les aliments qui, au contraire, stabilisent l'état du corps et le rassemblent. C'est pourquoi il considérait le millet comme bon pour l'alimentation. D'une manière générale, il rejetait aussi les aliments qui sont étrangers aux dieux, parce qu'ils nous éloignent de la familiarité avec les dieux. D'une toute autre façon encore, il recommandait de s'abstenir complètement d'aliments considérés comme sacrés, parce qu'ils sont dignes d'honneur mais ne doivent pas servir dans la vie humaine ordinaire. Il recommandait aussi de se garder de tous les aliments qui empêchent la divination, ou la pureté de l'âme et la chasteté, et l'acquisition de la modération et de la vertu. **(107)** De plus, il écartait les aliments qui sont ennemis de la pureté et troublent les diverses formes de purification de l'âme et en particulier les visions qui apparaissent dans les songes. Voilà donc quelles lois générales il établit concernant l'alimentation. Mais dans le cas des philosophes les plus avancés dans la contemplation et qui étaient parvenus au sommet, il supprima une fois pour toutes les aliments superflus et qui induisent à commettre l'injustice, en leur enjoignant de ne jamais rien manger qui soit doté d'une âme, d'éviter absolument de boire du vin, de s'abstenir de sacrifier des animaux aux dieux, de ne pas leur faire le moindre mal et de très soigneusement préserver la justice à leur égard.

(108) Lui-même vécut en accord avec ces préceptes : il s'abstenait de nourriture tirée des animaux, se prosternait devant des autels non tachés de sang et désirait ardemment que les autres s'abstinssent aussi de tuer les animaux qui ont la même nature que nous ; quant aux animaux sauvages, il préférait les dresser et les éduquer par la parole et par le geste, plutôt que de leur faire du mal en les punissant.

Il ordonna aussi à ceux des « politiques » qui établissaient les lois de s'abstenir des êtres dotés d'une âme. En effet, puisqu'ils désiraient agir au plus haut point en faveur de la justice, ils devaient évidemment s'abstenir de commettre l'injustice envers les vivants qui nous sont apparentés. Car comment pourraient-ils persuader autrui d'agir conformément à la justice, s'ils étaient eux-mêmes surpris en flagrant délit de cupidité ? Or, il existe une relation de parenté entre les vivants : étant donné qu'ils ont en commun la vie et les éléments et qu'ils sont issus d'un mélange formé de ces éléments, ils se trouvent liés à nous comme s'ils étaient nos frères.

(109) Aux autres cependant, à ceux dont le mode de vie n'était ni entièrement marqué par la pureté ni entièrement voué à la religion et à la philosophie, il permettait de goûter à certains animaux, et, pour eux, il déterminait une période de temps défini pendant laquelle ils devaient pratiquer l'abstinence. Il établit une loi leur défendant de « ronger » le cœur, de manger la cervelle, ce dont devaient s'abstenir tous les Pythagoriciens. Ces organes, en effet, sont les organes de direction et ils jouent en quelque sorte le rôle d'échelles et de sièges pour la pensée et pour la vie. Il accordait à ces organes une dignité religieuse en raison de la nature du *logos* divin. De même, il ordonnait de s'abstenir de manger de la mauve, parce qu'elle est la première à annoncer et à indiquer la sympathie des réalités célestes et de ce qui se trouve sur terre. Il conseillait en outre de s'abstenir du poisson « queue-noire », car il appartient aux dieux qui vivent sous la terre, et de ne pas consommer du rouget, pour d'autres raisons de ce genre ; et aussi de « s'abstenir des fèves » pour plusieurs raisons qui relèvent de la religion, de la nature et de l'âme. Il établit beaucoup d'autres règles comme celles-là, commençant ainsi à conduire les hommes vers la vertu déjà par l'alimentation.

25. Comment il éduquait les hommes en employant la musique et le chant aux moments opportuns, en particulier lorsque les passions les troublaient ; comment il purifiait l'âme et le corps de leurs maladies grâce à la musique, et comment il pratiquait ces purifications.

(110) [Pythagore] estimait que la musique aussi contribue grandement à la santé, à condition de l'employer selon des méthodes convenables. En effet, il avait l'habitude d'accorder un rôle non négligeable à cette sorte de purification, et il lui donnait même le nom de « médecine par la musique ». Au printemps, il avait recours au genre de chant suivant. Il faisait asseoir au milieu un joueur de lyre, et autour de lui s'asseyaient en cercle ceux qui étaient capables de chanter, et ainsi, tandis que le premier frappait de son plectre, les autres chantaient ensemble des péans, qui, pensaient-ils, provoquaient un sentiment de bien-être et induisaient en eux l'harmonie et le rythme. Le reste de l'année, ils utilisaient aussi la musique en guise de médecine. **(111)** Il y avait certains chants composés pour lutter contre les passions de l'âme, contre le découragement et le désespoir – ce sont des inventions extrêmement utiles ; d'autres encore contre les accès de colère et de fureur et contre tous les débordements d'une âme affligée de tels maux. Un autre genre de mélodies encore avait été inventé contre les désirs. Pythagore employait aussi la danse. Comme instrument il utilisait la lyre, car il estimait que la flûte produit un son agressif, tout indiqué pour les panégyries, mais qui ne convient absolument pas à un homme bien né. Il employait aussi des vers choisis d'Homère et d'Hésiode pour « redresser » l'âme·

[...]

(114) [...] En outre, l'École pythagoricienne tout entière mettait en œuvre ce qu'on appelle « arrangement », « harmonisation » et « traitement », en faisant, au moyen de certaines mélodies adéquates, passer profitablement les dispositions de l'âme en des passions contraires. En effet, allant se coucher, ils purifiaient leur esprit des troubles et du tumulte de la journée par des chants et par des mélodies spéciales et par ce moyen ils s'assuraient pour eux-mêmes un sommeil calme qu'accompagnaient des rêves peu nombreux et agréables. En se levant de leur couche, ils se débarrassaient cette fois de l'engourdissement et de la torpeur grâce à des chants d'une autre sorte, et quelquefois même grâce à des mélodies sans paroles. Il leur <arrivait> quelquefois de guérir passions aussi bien que maladies littéralement en leur « chantant dessus », comme ils le disent, et il est probable que ce terme « incantation » est entré dans l'usage commun à partir de là. C'est donc ainsi que Pythagore établit le moyen le plus profitable qui soit pour redresser le caractère des êtres humains et leur mode de vie, celui par la musique. **(115)** Et, puisque nous en sommes arrivés à ce point en exposant la sagesse de Pythagore dans le domaine de l'éducation, il est tout indiqué de parler immédiatement après d'un sujet voisin, à savoir comment il a découvert la science de l'harmonie et les rapports harmoniques. Reprenons d'un peu plus haut.

[...]

27. Quels biens pour la cité et la communauté Pythagore lui-même aussi bien que ses disciples ont transmis aux hommes par leurs actions et leurs discours, en établissant des constitutions, en instituant des lois et par maintes autres belles occupations.

(122) Beaucoup des réalisations des disciples de Pythagore dans le domaine des affaires de la cité font l'objet de louanges.

[...]

(129) **[...]** Certains Pythagoriciens furent des hommes politiques ou des magistrats. Certains, en effet, assurèrent la sauvegarde des lois et administrèrent des cités en Italie, proclamant et conseillant ce qu'ils estimaient être le meilleur, tout en s'abstenant de toucher aux revenus publics. Et même si de multiples calomnies furent portées contre eux, néanmoins l'excellence morale des Pythagoriciens prévalut un certain temps ainsi que la volonté des cités elles-mêmes que leurs constitutions fussent réglées par les Pythagoriciens. C'est à cette époque que, semble-t-il, les constitutions les meilleures virent le jour en Italie et en Sicile. **(130)** En effet, Charondas de Catane, qui passe pour l'un des meilleurs législateurs, était un Pythagoricien ; Zaleukos et Timarês de Locres, qui devinrent fameux pour leur législation, étaient des Pythagoriciens. Ceux qui établirent les constitutions de Rhégium, aussi bien celle qui est qualifiée de « gymnasiarchique » que celle qui tire son nom de Théoklês, sont, dit-on, des Pythagoriciens : Phytios, Théoklês, Hélikaôn et Aristokratês. Ils se distinguaient par des occupations et des habitudes, qu'avaient adoptées aussi les cités de ces régions en ces temps-là.

D'ailleurs, on dit que Pythagore est l'inventeur de l'éducation politique en général. Il a dit, en effet, qu'aucune des réalités existantes n'est pure, mais que la terre participe du feu, que le feu participe de l'eau, que l'air participe de ces éléments et eux de l'air ; et encore que le beau participe du laid, le juste de l'injuste et ainsi de suite pour les autres réalités (cette hypothèse explique l'élan dans l'une et l'autre directions ; car il y a deux mouvements, celui du corps et celui de l'âme, et l'un est irrationnel alors que l'autre est intentionnel). Il a établi, d'autre part, pour les constitutions certaines lignes au nombre de trois, qui se touchent à leurs extrémités et forment un angle droit, à savoir la première ayant une nature épitrite, la deuxième valant cinq unités de cette sorte, tandis que la troisième est au milieu entre les deux autres. **(131)** Et si nous calculons tant les angles formés par ces lignes les unes avec les autres que les surfaces ainsi engendrées, on obtient l'image la meilleure de la constitution. Platon s'est approprié cette opinion, quand il dit clairement dans la *République* que la fameuse base épitrite, celle qui est mariée à la pempade, produit aussi les deux harmonies. On dit encore que [Pythagore] a pratiqué la modération des passions. Il a découvert les médiétés et comment chacun pouvait avoir une vie heureuse en choisissant l'un des biens fondamentaux, et en résumé il a découvert comment choisir ce qui est bien pour nous et ce qu'il convient de faire en conséquence.

[...]

(133) [...] Tout cela et tout ce que nous avons dit peu auparavant sur l'expulsion des tyrans, sur la libération des cités aussi bien en Italie qu'en Sicile et sur beaucoup d'autres sujets, tout cela doit constituer selon nous des preuves de l'utilité qu'il apporta aux hommes dans le domaine de la politique.

28. Combien d'actions divines et admirables il accomplit ; ses actions se rapportant à la piété et qui, grâce à la bonté des dieux, produisent la plus grande utilité pour les hommes, actions qui ont été introduites dans le genre humain grâce à Pythagore.

(134) À partir de maintenant, nous ne célébrerons plus en bloc dans notre discours les actions liées aux vertus de Pythagore, mais les diviserons vertu par vertu. En premier lieu, comme c'est la coutume, commençons par les dieux et cherchons à montrer sa piété, montrons les admirables actions qui en découlent, et célébrons-les dans notre discours. En tout cas, voici un fait déjà rapporté par nous, qui doit être regardé comme une démonstration de sa piété : c'est qu'il connaissait quelle était son âme, d'où elle était venue dans son corps, et ses vies antérieures, et qu'il en fournissait des preuves absolument évidentes. Voici encore une autre preuve : traversant un jour, en compagnie d'un grand nombre de disciples, le fleuve Nessos, il l'avait interpellé à haute voix, et le fleuve lui avait répondu, d'une voix grave et distincte, comme tous l'entendirent : « Salut, Pythagore ». Et encore : au cours d'un seul et même jour, à Métaponte en Italie et à Tauromenion en Sicile, il s'était réuni avec les disciples qu'il avait en ces deux endroits et s'était entretenu publiquement avec eux ; pratiquement tous les auteurs confirment cette histoire, alors que les deux lieux sont séparés par un bon nombre de stades de terre et de mer, qu'on ne peut parcourir qu'en plusieurs jours. **(135) [...]** Et l'on rapporte partout sur notre homme beaucoup d'autres histoires de même sorte, encore plus divines et plus merveilleuses que celles-là : comment il fit d'infaillibles prédictions de tremblements de terre ; comment il détourna rapidement des épidémies ; comment il endormit à l'instant des vents violents ou des tempêtes de grêle ; comment il calma les flots de fleuves ou de la mer pour assurer une traversée paisible à ses disciples. Empédocle d'Agrigente, Épiménide le Crétois et Abaris l'Hyperboréen, qui avaient part aux mêmes pouvoirs, ont, eux aussi, accompli de semblables exploits en beaucoup d'endroits.

[...]

(137) Regardons tout cela comme des preuves de sa piété. Je veux maintenant partir d'en haut et faire connaître les principes du culte des dieux, que Pythagore et ses disciples ont établis. Tout ce qu'ils déterminent s'agissant de faire ou de ne pas faire quelque chose vise toujours à garder l'accord avec le divin, et tel est leur point de départ, et leur vie tout entière est ordonnée pour ceci : « suivre le dieu », et telle est la devise de leur philosophie ; à chercher leur bien ailleurs que chez les dieux, les hommes font quelque chose de ridicule, car ils agissent alors comme quelqu'un qui, habitant dans une contrée gouvernée par un roi, honorerait un magistrat quelconque, et négligerait celui qui est à la tête de tous et règne sur eux ; c'est ainsi que, selon eux, se conduisent les hommes. En effet, puisqu'il existe un dieu et qu'il est seigneur de toutes choses, puisque, cela est universellement reconnu, il faut demander le bien à son souverain, et puisque tous les gens accordent leurs faveurs à ceux qu'ils aiment et chérissent, et adoptent une conduite contraire à l'égard de ceux qui ont une conduite contraire, il est évident qu'il faut accomplir les actions, auxquelles le dieu se délecte. **(138)** Or ces actions ne sont pas faciles à connaître, à moins qu'on ne l'entende dire ou bien <d'un homme> qui l'a lui-même entendu d'un dieu, ou bien d'un dieu, ou bien qu'on ne l'apprenne par quelque art divin. C'est justement pour cela que [les Pythagoriciens] s'occupent de mantique, car elle seule est l'interprète du dessein des dieux. Et de la même façon s'en occuper doit paraître une activité estimable à qui pense que les dieux existent, tandis que, pour ceux qui regardent comme une naïveté l'une ou l'autre chose, les deux ensemble ne sont que simplicité d'esprit. En outre, la plupart des interdictions ont été empruntées aux mystères, parce que les Pythagoriciens pensent qu'il s'agit de quelque chose de sérieux, et non pas d'imposture, et qu'elles proviennent de quelque dieu. C'est pourquoi tous les Pythagoriciens sans exception sont portés à croire (par exemple) les fables rapportées au sujet d'Aristée de Proconnèse ou d'Abaris l'Hyperboréen, et toutes les autres du même genre. En effet, ils croient à toutes les histoires de ce genre, et eux-mêmes en font l'expérience quantité de fois ; quant aux histoires qui ont l'air de fables, ils en préservent scrupuleusement la mémoire, car ils ne refusent de croire à rien de ce qui pourrait être rapporté à la divinité. **(139)** **[...]** Et par suite, dans tous les cas de la sorte, ce n'est pas eux qu'ils considèrent comme des naïfs, mais ceux qui refusent de croire, car, disent-ils, il n'est pas vrai que telles choses soient possibles au dieu, telles autres impossibles, comme se l'imaginent ceux qui se croient savants, mais tout lui est possible. Et tel est le point de départ de ces vers que les Pythagoriciens attribuent à Linos, mais qui sont peut-être dus aux Pythagoriciens :

> Il faut tout espérer, puisque rien n'est inespéré ;
> Il est facile au dieu de faire toutes choses, rien ne lui est impossible.

(140) La preuve de leurs opinions est, pensent-ils, celle-ci : celui qui a énoncé ces vers le premier n'était pas le premier venu, mais c'était le dieu. Et voici l'un des enseignements oraux : « Qui es-tu, Pythagore ? » Ils disent, en effet, qu'il était Apollon Hyperboréen. Ils en donnent la preuve suivante : Pythagore, en se relevant au cours des jeux, laissa voir sa cuisse d'or ; et aussi qu'il régalait Abaris l'Hyperboréen, et qu'il lui ravit la flèche, par laquelle il était guidé. **[...]** **(142)** Et à Métaponte, alors que certains avaient souhaité recevoir la cargaison d'un navire qui cinglait vers eux, il leur dit : « Vous aurez un mort », et l'on vit que le navire transportait un mort. Et à Sybaris, il saisit le serpent à grosses écailles qui tuait, et il le chassa ; il en fit de même pour le petit serpent d'Étrurie, qui tuait par sa morsure. À Crotone, l'aigle blanc se laissa caresser, à ce que l'on raconte. Et comme quelqu'un voulait l'écouter, il dit qu'il ne parlerait pas avant qu'un signe ne se produise : et après cela, voici qu'arriva à Caulonia l'ourse blanche. Et à celui qui s'apprêtait à lui annoncer la mort de son fils, il l'annonça d'abord lui-même. **(143)** Et à Myllias de Crotone il fit se ressouvenir qu'il avait été Midas, fils de Gordios, et Myllias s'en alla sur le continent pour accomplir sur la tombe tout ce qu'il lui avait ordonné. On rapporte aussi que celui qui acheta la maison [de Pythagore], la fouilla et n'osa jamais dire à personne ce qu'il y avait vu ; et à la suite de cette faute, il fut pris en flagrant délit de vol dans un temple à Crotone et mis à mort : on le surprit, en effet, à voler le menton d'or de la statue, qui était tombé. Voilà donc les histoires, et d'autres semblables, qu'ils rapportent à titre de preuve [de leurs façons de voir]. Comme toutes ces histoires sont universellement acceptées comme vraies et qu'elles ne peuvent être arrivées à un homme ordinaire, ils pensent dès lors qu'il est clair qu'il faut interpréter tout ce qui est dit par lui comme venant d'un être supérieur et non pas d'un homme. D'ailleurs, cette parole difficile à interpréter le laisse entendre : **(144)** on dit, en effet, chez les Pythagoriciens ceci :

> Bipède est l'homme, un oiseau et quelque chose d'autre en troisième.

La « troisième chose », c'est, en effet, Pythagore. Tel se présentait donc Pythagore dans sa piété, et il était considéré à juste titre comme tel. Concernant les serments, tous les Pythagoriciens étaient extrêmement scrupuleux, parce qu'ils gardaient en mémoire cette instruction de Pythagore :

> En premier, honore les dieux immortels, dans l'ordre prescrit par la loi,
> Révère le serment, et ensuite les héros brillants.

Ainsi, l'un d'entre eux, contraint par la loi de prêter serment, bien qu'il s'apprêtât à prononcer un serment en toute bonne conscience, néanmoins pour pouvoir respecter la doctrine de Pythagore, aima mieux, au lieu de prononcer un serment, payer trois talents, car telle était l'amende pour celui qui, ayant intenté un procès, se conduisait ainsi. **(145)** Qu'ils aient considéré que rien n'arrivait par hasard ou par chance, mais au contraire que tout se produisait selon la providence divine, en particulier pour les meilleurs et les plus pieux parmi les hommes, c'est ce que confirme un récit fait par Androkydês, dans son *Sur les symboles pythagoriciens*, au sujet de Thymaridas de Tarente, un Pythagoricien. Comme il devait prendre la mer pour s'en aller à cause d'une certaine circonstance, ses compagnons l'entouraient pour lui dire adieu et l'accompagner à son départ. Et l'un d'entre eux, alors qu'il était déjà monté sur le bateau, lui dit : « Que les dieux t'envoient tout ce que tu veux, Thymaridas ». Et lui, de répartir : « Silence ; j'aimerais mieux vouloir tout ce qui me vient de la part des dieux ». Il regardait, en effet, comme plus conforme au savoir et comme judicieux de ne pas s'opposer et de ne pas s'irriter contre la providence divine. Si quelqu'un veut apprendre de quelle source ces hommes ont tiré une piété si profonde, il faut dire que le modèle évident de la théologie arithmétique pythagoricienne se trouvait chez Orphée. **(146)** Il n'est donc plus douteux que c'est en prenant ses points de départ chez Orphée que Pythagore a composé son discours sur les dieux, qu'il a intitulé, pour cette raison, [*Discours*] *sacré*, en tant qu'il était comme la fleur issue de ce qu'il y avait de plus secret chez Orphée, que l'ouvrage ait réellement été, comme le disent la plupart, de Pythagore, ou de Têlaugês, comme l'affirment quelques-uns des membres savants et dignes de foi de l'École, à partir des mémoires laissés par Pythagore lui-même à Damô, sa fille, la sœur de Têlaugês ; ces mémoires, rapporte-t-on, ont été transmis, après la mort [de Pythagore], à Vitalê, fille de Damô, et à Têlaugês, une fois l'âge venu (Têlaugês était le fils de Pythagore et l'époux de Vitalê), car il avait été laissé très jeune à la garde de sa mère, Théanô, après la mort de Pythagore. Ce *Discours sacré* [ou traité *Sur les dieux*, car il porte les deux titres] fait aussi connaître celui qui avait révélé à Pythagore ce discours sur les dieux. Le texte dit en effet : « Voici le <discours> sur les dieux de Pythagore, fils de Mnémarchos, que j'ai appris à fond lors de mon initiation à Libèthres en Thrace, quand l'initiant était Aglaophamos : Orphée, fils de Kalliope, disait, pour l'avoir appris de sa mère sur le mont Pangée, que l'essence du nombre est le principe éternel et provident du ciel entier, de la terre et de la nature intermédiaire ; et en outre qu'il est la racine de la persistance des <hommes> divins, des dieux et des démons ». **(147)** Tout cela montre clairement que c'est des Orphiques qu'il a tiré l'idée que l'essence des dieux est déterminée par le nombre. Grâce aux nombres en question il pratiquait une admirable méthode de prédiction, et il rendait, selon les nombres, un culte le plus possible apparenté aux dieux. C'est ce que l'on peut apprendre de la façon suivante — car il faut bien fournir quelque réalisation pour prouver ce que l'on vient de dire — : alors qu'Abaris persistait à accomplir les pratiques religieuses qui lui étaient coutumières et que, comme toute la race des Barbares, il faisait des prédictions au moyen de sacrifices, tout particulièrement des sacrifices d'oiseaux (leurs entrailles, en effet, sont regardées comme donnant des indications précises), Pythagore, voulant ne pas couper son désir de vérité, tout en lui fournissant un procédé plus assuré, sans recours au sang et au meurtre, surtout qu'il estimait que le coq est consacré au soleil, lui enseigna ce que l'on appelle la « vérité totale », laquelle est établie au moyen de la science de l'arithmétique. **(148)** Pythagore devait aussi à sa piété sa foi dans les dieux : il rappelait en effet sans cesse que l'on ne doit rien refuser de croire de merveilleux concernant les dieux, ou concernant des enseignements divins, dans la pensée que les dieux peuvent toutes choses. Et ils appellent « divins » les enseignements (auxquels il faut croire), que Pythagore leur a enseignés. **[...]**

(149) Il portait des vêtements blancs et immaculés, et les couvertures de son lit étaient semblablement blanches et immaculées. Elles étaient faites de lin ; en effet, il n'usait pas de laine. Il a enseigné cette coutume à ses disciples aussi. Il faisait montre de beaucoup de retenue dans son langage à l'égard des êtres supérieurs, et à chaque occasion il faisait mémoire des dieux et leur rendait hommage, de sorte qu'avant de dîner il adressait des libations aux dieux, et qu'il exhortait à célébrer par des hymnes chaque jour les êtres supérieurs. Il prêtait attention aux voix mystérieuses, aux prophéties et aux oracles, bref à tout ce qui se produit spontanément. **(150)** Il offrait aux dieux de l'encens, du millet, des gâteaux, des rayons de miel, de la myrrhe, et autres plantes aromatiques ; d'être vivant, quant à lui, il n'en sacrifiait jamais ni aucun parmi les philosophes théorétiques, tandis qu'au reste de ses disciples — aux « acousmatiques » ou aux politiques — il enjoignait de sacrifier avec parcimonie des êtres animés, soit un coq, soit un agneau ou encore quelque animal nouveau né, mais jamais de bovin. Voici encore un témoignage attestant le respect qu'il éprouvait pour les dieux : le fait qu'il ait exhorté à ne jamais prononcer de serments en utilisant les noms des dieux. **[...]** On attribue néanmoins aux Pythagoriciens un serment, qu'ils prononçaient par scrupule à nommer Pythagore (tout comme ils mettaient tous leurs soins à éviter d'user du nom des dieux), mais où, en parlant de l'invention de la *tétraktys*, ils désignaient clairement leur maître :

> Non, par celui qui a trouvé la *tétraktys* de notre sagesse,
> Source qui contient en elle les racines de la nature éternelle·

(151) En général, on dit que Pythagore fut un imitateur du style d'Orphée et de sa manière de composer, et qu'il honorait les dieux à la façon d'Orphée — des dieux représentés dans des statues ou du bronze, non qu'ils fussent liés à nos formes, mais au moyen de rites divins de fondation —, parce que les dieux embrassent toutes choses, exercent leur providence sur toutes choses et ont une nature et une forme semblables à celles du tout. Pythagore proclamait les purifications des Orphiques et ce que l'on appelle leurs « initiations mystériques », parce qu'il en avait la connaissance la plus exacte. On dit encore qu'il avait fait sa philosophie divine et son culte d'une façon composite, ayant appris tel élément des Orphiques, tel autre des prêtres égyptiens, tel autre des Chaldéens et des mages, tel autre de l'initiation qui se fait à Éleusis, à Imbros, à Samothrace et à Lemnos, et tout ce que l'on peut trouver chez les Étrusques, et encore chez les Celtes et en Ibérie. **(152)** Et chez les Latins, le *Discours sacré* de Pythagore est lu non pas devant tout le monde ni par tout le monde, mais seulement par ceux qui sont prêts à participer à l'enseignement relatif aux biens et ne pratiquent aucune occupation vile. Pythagore dit que les hommes doivent faire trois libations [aux dieux], et qu'Apollon rend ses oracles depuis un trépied, parce que c'est par la triade que le nombre commence à être ; que l'on [doit] sacrifier à Aphrodite le sixième jour, parce que ce nombre est le premier à avoir part à toute la nature du nombre, et que, de quelque façon qu'on le divise, le produit de ce que l'on retranche et celui de ce qui reste est égal ; qu'il faut sacrifier à Héraclès le huitième jour du mois, considérant qu'il avait mis sept mois à naître. **(153)** Il dit aussi qu'il faut entrer dans un temple avec une tunique <blanche et> immaculée, dans laquelle personne n'a couché : le sommeil, le noir et la saleté étant, selon lui, le signe de l'inactivité, tandis que la pureté témoigne de l'égalité dans les raisonnements et de la justice. Il conseille, au cas où il y aurait une effusion de sang involontaire dans un temple, de le purifier au moyen d'une aspersion soit d'or soit d'eau de mer, c'est-à-dire ce qui est né en premier et <ce qui> est le plus beau d'entre les êtres, parce qu'il mesure la valeur de toutes les choses qui existent. Il défend aussi d'enfanter dans un temple : car il va contre la religion que l'élément divin de l'âme soit enchaîné au corps dans un temple. **(154)** Il conseille de ne pas se couper les cheveux ni les ongles au cours d'une fête, parce qu'il pense que l'accroissement de nos biens ne doit pas échapper à la tutelle des dieux. Il dit aussi de ne pas tuer même un pou dans un temple, considérant que l'on ne doit associer le divin à aucune action superflue ou pernicieuse. Il dit d'honorer les dieux au moyen du cèdre, du laurier, du cyprès, du chêne et de la myrte, et de ne jamais employer aucun de ces bois pour se nettoyer le corps ni pour se curer les dents, parce qu'il considérait que c'était là la première semence de la nature humide, la nourriture de la matière première, la plus commune. Il conseille de ne pas faire cuire ce qui a été bouilli, voulant dire par là que la douceur n'a nul besoin de la colère. Il ne permettait pas que l'on brûle le corps des défunts, voulant, à la suite des mages, que le mortel ne participe à rien de divin. **(155)** Il regardait comme un acte de piété d'accompagner dans des vêtements blancs les défunts, désignant ainsi d'une manière allégorique la nature simple et première qui consiste dans le nombre, qui est le principe de toutes choses. Plus que tout, il conseille de respecter ses serments, parce que le futur est sans doute loin, mais que rien n'est loin pour les dieux. Il est beaucoup plus juste, dit-il, de subir une injustice que de tuer un homme (car le jugement a lieu chez Hadès), si l'on prend en considération les <châtiments> qui s'adressent à l'âme et à sa substance, qui est la première de ce qui est. Il conseille de ne pas fabriquer de cercueil en cyprès, parce que le sceptre de Zeus est fait de cyprès, ou bien encore pour quelque autre raison secrète. Il invite, avant de s'asseoir à une table, à offrir une libation à Zeus sauveur, à Héraclès et aux Dioscures, célébrant en Zeus celui qui nous donne la nourriture et la dirige, en Héraclès la puissance de la nature, et dans les Dioscures l'harmonie qui règne dans l'Univers tout entier. **(156)** Il dit qu'il ne faut pas faire de libation en fermant les yeux : en effet, il ne tenait aucune des choses belles pour un sujet de honte ou de réserve. Lorsqu'il tonne, il recommandait de toucher la terre, faisant ainsi mémoire de la génération des êtres. Il recommande d'entrer dans les temples par le côté droit, et d'en sortir par le côté gauche, parce qu'il faisait du droit le principe de ce que l'on appelle, dans les nombres, l'impair, et qu'il le regardait comme divin, tandis qu'il faisait du gauche le symbole du pair et du nombre divisible. Telle était, dit-on, sa façon de pratiquer la piété, et tout ce que j'ai laissé de côté sur ce sujet, on peut le deviner à partir de ce que j'ai dit, de sorte que j'arrête ici mon exposé à ce sujet.

29. Sur la sagesse de Pythagore : en quoi elle consistait, en combien de genres et d'espèces elle a été divisée, et comment depuis les facultés cognitives de premier rang jusqu'aux toutes dernières il pratiquait la rectitude et l'exactitude, et comment il a enseigné cela aux hommes.

(157) Concernant sa "sagesse", pour parler en bref, on doit en regarder comme le plus grand témoignage les mémoires composés par les Pythagoriciens, lesquels renferment la vérité sur tous les sujets : par rapport à tous les autres écrits, ils sont bien tournés et précis, et ils respirent singulièrement une sorte de patine d'antiquité, comme une sorte de duvet, sur laquelle on ne peut mettre la main ; ils sont éminemment composés avec une science digne d'un démon, tout remplis d'idées, tout en étant divers et très variés quant à leurs formes et à leurs sujets ; en même temps, leur expression n'a ni redondance ni défaut ; ils sont tout pleins de choses évidentes et indubitables, accompagnées de démonstrations scientifiques et de syllogismes, comme l'on dit, parfaits, si l'on aborde ces ouvrages avec les méthodes qui conviennent, sans accomplir cette tâche en passant ou avec négligence. Ces ouvrages donc transmettent d'abord la science relative aux intelligibles et aux dieux ; **(158)** ensuite, ils enseignent tout ce qui concerne la physique, et ils ont mené à perfection la philosophie éthique et la logique ; ils transmettent toutes sortes de connaissances en mathématiques et les sciences les meilleures ; bref, il n'est rien qui soit connu des hommes sur quelque sujet que ce soit, qui ne soit exposé avec précision dans ces ouvrages. Si donc l'on admet que certains de ces ouvrages qui circulent présentement sont de Pythagore lui-même, et que les autres ont été composés à partir de son enseignement, et que c'est pour cette raison qu'ils ne voulaient pas se les attribuer, mais les rapportaient à Pythagore, dans la pensée qu'ils étaient de lui, tout cela montre clairement que Pythagore était très largement expérimenté en toute science. On dit que Pythagore s'est beaucoup occupé de géométrie : il y a, en effet, chez les Égyptiens, beaucoup de problèmes de géométrie, puisque, depuis les temps les plus anciens, et même depuis les dieux, à cause des additions et des soustractions faites à leur terre par le Nil, les savants Égyptiens ont dû de toute nécessité mesurer la terre qu'ils cultivaient (raison pourquoi, d'ailleurs, cette science est appelée « géométrie »). En outre, les Pythagoriciens n'ont pas non plus pratiqué la contemplation des corps célestes d'une façon superficielle — Pythagore était expérimenté dans ce domaine aussi. Il semble donc que tous les théorèmes de géométrie viennent d'Égypte, car pour ce qui est de ceux concernant les rapports et les nombres, ils ont été inventés, dit-on, par les Phéniciens, tandis que ceux relatifs aux corps célestes, certains auteurs les rapportent en commun aux Égyptiens et aux Chaldéens. **(159)** C'est en acquérant toutes ces connaissances et en les accroissant, dit-on, que Pythagore a fait progresser les sciences, tout en les enseignant clairement et harmonieusement à ses auditeurs.

C'est lui donc qui le premier a employé le nom de « philosophie », et il disait que c'était « un désir de sagesse » et, pour ainsi dire, « un amour de la sagesse », et par « sagesse » il entendait la « science de la vérité des êtres ». Et par « êtres », il entendait et voulait dire ceux qui sont dépourvus de matière, ceux qui sont éternels, les seuls qui sont efficaces, c'est-à-dire les incorporels, les formes corporelles et matérielles n'étant appelées « êtres » que par homonymie, en tant que participant aux êtres proprement dits, car elles sont engendrées et périssables et ne sont jamais véritablement. Et la sagesse est la science des êtres proprement dits, mais non pas de ceux qui le sont par homonymie, puisque justement les choses corporelles ne sont ni objets de science ni n'admettent une connaissance solide : en effet, elles sont infinies, insaisissables par la science et, pour ainsi dire, inexistantes parce qu'elles sont séparées des êtres universaux et qu'elles ne peuvent pas, d'une façon aisée à définir, tomber sous une définition. **(160)** Or pour ce qui, par nature, ne peut être objet de science, il n'est pas possible non plus de concevoir une science ; il n'est donc pas vraisemblable qu'il existe un désir pour une science qui n'existe pas, mais bien plutôt pour celle qui concerne les êtres véritables, toujours dans le même état et qui subsistent dans l'identité et vont éternellement de pair avec la dénomination de « êtres ». Et de fait, la saisie de ces êtres entraîne automatiquement celle des êtres par homonymie, bien que celle-ci n'ait jamais été recherchée, tout comme la science de l'universel entraîne celle du particulier. « Ceux qui ont acquis, dit Archytas, une connaissance correcte de l'universel, vont aussi correctement connaître le particulier, tel qu'il est ». C'est pourquoi les êtres ne sont ni seuls ni d'un seul genre ni simples, mais ils sont multiples et de plusieurs sortes : il y a les intelligibles ou incorporels, auxquels appartient la dénomination de « êtres », et les corporels et qui tombent sous nos sens, lesquels ont en part d'être réellement par participation. **(161)** Sur tous ces sujets, Pythagore a transmis les sciences les plus appropriées, et rien n'a échappé à son enquête. Quant aux sciences communes, à savoir la science de la démonstration, celle de la définition et celle de la division, il les a enseignées aux hommes, comme on peut le voir à partir des mémoires pythagoriciens. Il avait accoutumé, recourant aux expresssions les plus concises possibles, de révéler par la méthode symbolique à ses disciples une infinité d'interprétations variées, tout comme Apollon Pythien au moyen de certains dits faciles à mémoriser, ou la nature elle-même au moyen de semences infiniment petites, font venir au jour une masse infinie et inimaginable de pensées ou d'effets. **(162)** De cette sorte est cette [sentence] :

> Le commencement, moitié de toute chose,

[qui est] un apophtegme de Pythagore soi-même. Et ce n'est pas seulement dans le présent hémistiche, mais aussi dans un grand nombre d'autres du même genre que le très divin Pythagore cachait les étincelles de la vérité pour ceux qui sont capables de les transformer en flammes, enfermant ainsi comme dans un trésor au moyen de formules brèves un champ de savoir inaperçu et rempli de science contemplative, comme dans cette autre [sentence] :

> Et au nombre toutes choses ont ressemblance,

un apophtegme que Pythagore disait à tout propos à tout le monde. Ou encore dans celui-ci : « Amitié veut dire égalité », ou encore dans le nom de "*kosmos*", ou encore, par Zeus, dans celui de « philosophie », ou encore dans celui-ci : « être », ou bien même celui-ci <***>, ou encore [c'est bien connu] dans la « *tétraktys* ». C'est toutes ces inventions et réalisations, et encore bien d'autres, que Pythagore a imaginées pour l'utilité et le redressement de ceux qui vivaient avec lui, et elles étaient à ce point augustes et regardées comme divines par ceux qui les ont comprises, qu'elles en sont venues à entrer dans un serment chez ses co-auditeurs :

> Non, par celui qui a enseigné à notre race la *tétraktys*,
> Source qui contient en elle les racines de la nature éternelle.

Voilà combien était admirable cette espèce de sa sagesse.

(163) Parmi les sciences, les Pythagoriciens honoraient tout particulièrement, dit-on, la musique, la médecine et la mantique. Ils étaient silencieux et écoutaient volontiers, et celui qui savait écouter était, chez eux, un objet d'éloge. En médecine, ce qu'ils approuvaient surtout, c'est la partie consacrée au régime, et ils étaient extrêmement précis en ce domaine ; et ce qu'ils essayaient d'apprendre en premier, c'étaient les signes permettant de reconnaître la proportion entre les boissons, les aliments et le repos ; ensuite, concernant la préparation même des aliments, ils étaient pratiquement les premiers à avoir entrepris de s'en occuper et de fixer des règles. Ils employaient sur une plus large échelle que leurs prédécesseurs les cataplasmes et estimaient moins les médicaments, et parmi ceux-ci ils faisaient surtout usage des médicaments contre les ulcérations, et enfin ils n'acceptaient absolument pas les incisions et les cautérisations. **(164)** Ils employaient aussi les incantations pour certaines maladies. Ils estimaient que la musique aussi contribue grandement à la santé, à condition de l'employer selon des méthodes convenables. Ils employaient aussi des vers choisis d'Homère et d'Hésiode pour "redresser" l'âme.

Ils pensaient qu'il faut retenir et conserver en mémoire tout ce qui a été enseigné et dit, et qu'il faut acquérir des connaissances et du savoir, aussi longtemps que les facultés d'apprendre et de souvenir le peuvent, parce que c'est grâce à la première qu'il faut apprendre et c'est en l'autre qu'il faut garder la connaissance. Toujours est-il qu'ils estimaient grandement la mémoire et qu'ils passaient un temps considérable à l'entraîner et à s'occuper d'elle ; et lorsqu'ils apprenaient quelque chose, ils n'abandonnaient pas ce qu'ils apprenaient avant qu'ils n'eussent saisi solidement ce qui dépend de l'apprentissage précédent, et chaque jour ils se <remémoraient> ce qui avait été dit ce jour-là, de la manière suivante : **(165)** un Pythagoricien ne se levait pas de sa couche avant de s'être remémoré les événements du jour précédent. Il pratiquait cette remémoration de la façon suivante : il s'efforçait de ressaisir par la pensée ce qu'il avait dit ou entendu ou ordonné en premier aux gens de sa maison en se levant, puis ce qui était venu en deuxième, en troisième, et ainsi de suite pour tout ce qui viendrait dans la suite. Ensuite, il examinait qui il avait rencontré, en sortant, en premier, qui en deuxième, et ce qui avait été dit en premier, en deuxième ou en troisième, et de même pour toutes les autres rencontres. [...] Et s'il avait plus de loisir au moment de se lever, il cherchait aussi à ressaisir de la même façon ce qui s'était passé deux jours auparavant. **(166)** Les Pythagoriciens s'efforçaient d'entraîner le plus posible leur mémoire, car il n'y a rien de meilleur pour acquérir science, expérience et sagesse que de pouvoir se rappeler.

Grâce à ces pratiques l'Italie entière se retrouva pleine de philosophes et, alors qu'elle était inconnue auparavant, par la suite, grâce à Pythagore, elle fut appelée « Grande Grèce », et il y eut alors, parmi les habitants, un très grand nombre de philosophes, de poètes et de législateurs. C'est par eux, en effet, que furent apportés en Grèce les procédés de la rhétorique, les discours d'apparat et les lois écrites ; et parmi tous les philosophes de la nature qui se sont acquis un renom, on cite en premier lieu Empédocle et Parménide d'Élée, tandis que ceux qui veulent citer des règles pour la vie ordinaire mentionnent les *Sentences* d'Épicharme, que presque tous les philosophes gardent en mémoire. Concernant donc la sagesse de Pythagore, comment il y a fait progresser tous les hommes aussi loin que chacun d'eux pouvait y prendre part, et comment il l'a enseignée parfaitement, en voilà assez.

30. À propos de la justice : toute l'aide que Pythagore a apportée aux hommes pour la pratiquer, et qu'il l'a pratiquée depuis le haut, depuis ses genres les plus élevés, jusqu'à ses espèces toutes dernières, et qu'il l'a enseignée à tous.

(167) Concernant la justice, on apprendra au mieux, comment il l'a pratiquée et enseignée aux hommes, si nous la concevons à partir de son premier principe et à partir des causes premières qui la font naître, et si nous considérons aussi la cause première de l'injustice ; après cela, nous trouverons comment il s'est gardé de cette dernière, et comment il a fait pour que la justice prospère. Donc le point de départ de la justice, c'est la communauté et l'égalité, le fait que tout le monde partage des émotions aussi étroitement que s'ils étaient un seul corps et une seule âme, et aussi le fait que « le mien » s'applique à la même chose que « le tien », comme Platon en témoigne pour l'avoir appris des Pythagoriciens. **(168)** C'est ce que Pythagore a institué mieux que quiconque, bannissant des mœurs le souci de l'intérêt particulier, tout en étendant le domaine de la communauté jusqu'à inclure les ultimes propriétés, celles qui sont causes de révolution et de trouble : en effet, tous les biens étaient communs et identiques pour tous, et personne ne possédait rien en propre. Et si <quelqu'un> était accepté par la communauté, il pouvait user des biens communs selon la plus grande justice ; dans le cas contraire, il reprenait ses propres biens et même plus que ce qu'il avait apporté à la masse commune, et s'en allait. C'est ainsi que, dès le premier commencement, Pythagore a excellemment institué la justice. Dans la suite, c'est le sentiment de familiarité des hommes les uns avec les autres qui produit la justice, tandis que l'hostilité et le mépris pour le genre humain produisent l'injustice. Voulant donc installer ce sentiment de familiarité profondément chez les hommes, il l'établit aussi dans leur rapport avec les animaux, qui sont du même genre, leur enjoignant de les considérer comme leurs parents et leurs amis, de sorte qu'ils ne doivent nuire à aucun d'entre eux ni en tuer aucun ni en manger. **(169)** Celui donc qui avait rapproché les hommes même des animaux, pour la raison qu'ils sont faits à partir des mêmes éléments que nous et que, comme nous, ils ont part à une forme de vie tout à fait commune, à bien plus forte raison établissait-il ce sentiment de familiarité avec ceux qui ont en part une âme de même sorte, c'est-à-dire l'âme rationnelle. Cela montre qu'il introduisit la justice, en la faisant naître à partir du point de départ le plus approprié. Et puisque quelquefois le manque de ressources contraint beaucoup d'hommes à agir contre la justice, il prit soin à l'avance de cela aussi, en se préparant à suffisance, grâce à une heureuse gestion de ses biens, la possibilité de dépenser d'une manière noble et juste. D'ailleurs, la juste disposition d'une maison est le principe du bon ordre intégral qui doit régner dans une ville : car les villes sont constituées de maisons. **(170)** On raconte donc que Pythagore lui-même, après avoir hérité les biens d'Alkaios, qui était mort après son ambassade à Sparte, ne fut pas moins admiré pour la gestion de ses biens que pour sa philosophie. S'étant marié, il éleva la fille qui lui était née — et qui, dans la suite, épousa Menôn de Crotone — de telle sorte que, lorsqu'elle était encore jeune fille, elle menait les chœurs, tandis que, après son mariage, elle était la première à s'approcher des autels ; et les habitants de Métaponte, qui avaient encore le souvenir de Pythagore même après son époque, transformèrent sa maison en un temple de Déméter, et sa venelle, en un sanctuaire des Muses. **(171)** Et puisque l'arrogance, la volupté ainsi que le mépris des lois entraînent bien souvent à l'injustice, pour cette raison Pythagore conseillait chaque jour de venir au secours de la loi et de combattre l'illégalité. C'est aussi pour cette raison qu'il faisait la division suivante : ce que l'on appelle la volupté, d'ordinaire, est le premier des maux à s'insinuer dans les maisons et dans les cités ; le deuxième, c'est l'arrogance, et le troisième, la perdition. C'est pourquoi <il conseillait> d'éviter et de repousser à tout prix la volupté, et de s'accoutumer, dès la naissance, à un genre de vie sage et viril, et de s'abstenir de toute parole malséante, que ce soit pour exprimer son mécontentement, pour agresser quelqu'un, pour se moquer ou pour faire rire. **(172)** En outre, il établit un autre très beau type de justice : le législatif, celui qui prescrit ce qu'il faut faire, et défend ce qu'il ne faut pas faire, et qui est supérieur au « judiciaire » ; ce dernier ressemble à la médecine et soigne ceux qui sont malades, tandis que l'autre, pour commencer, ne <laisse> même pas tomber malade, mais s'occupe par avance de la santé de l'âme. Dans ces conditions, les disciples de Pythagore ont été les meilleurs législateurs : d'abord Charondas de Catane, ensuite Zaleukos et Timaratos, ceux qui ont écrit les lois de Locres, en outre Théoklês, Hélikaôn, Aristokratês et Phytios, qui ont été les législateurs de Rhégium. Et tous ces législateurs ont reçu de leurs concitoyens des honneurs que l'on n'accorde qu'à des dieux. **(173)** En effet, à la différence d'Héraclite qui, ayant accepté d'écrire des lois pour les Éphésiens, leur ordonna d'aller se pendre dès leur jeunesse, ils s'efforçaient de faire ce travail de législation avec beaucoup de réflexion et de science politique. **[...] (174)** Pythagore, en outre, regardait comme extrêmement utile pour l'établissement de la justice le pouvoir des dieux, et c'est en commençant à partir de là qu'il a institué la constitution et les lois, la justice et les actes justes. Il ne sera pas mauvais d'ajouter encore comment il a institué ses dispositions particulières. Croire à propos du divin qu'il existe et qu'il est ainsi disposé à l'égard du genre humain, qu'il le surveille attentivement et ne se désintéresse pas de lui, les Pythagoriciens, l'ayant appris de Pythagore, regardaient cela comme étant utile.

Nous avons, en effet, besoin d'une surveillance de ce genre, à laquelle nous n'oserons aucunement nous opposer ; or tel est le gouvernement des dieux, s'il est vrai que les dieux sont dignes de régner sur le monde entier. Car, disaient-ils, et avec raison, le vivant est un être violent par nature, et changeant quant à ses impulsions, à ses désirs et à ses autres passions ; il a donc besoin d'une supériorité et d'une domination de cette sorte, d'où viennent correction et ordre. **(175)** Ils pensaient donc que chacun, bien conscient de la diversité de sa nature, ne devait jamais oublier de témoigner de sa piété et d'accomplir ses devoirs à l'égard du divin, mais devait avoir tout le temps présent à l'esprit que les dieux surveillent attentivement la conduite de l'homme. Après la divinité et les démons, ils faisaient le plus grand cas des parents et de la loi, et ils s'appliquaient à leur obéir, non pas en apparence, mais par conviction. En général, ils pensaient qu'il faut considérer qu'il n'y a pas plus grand mal que l'anarchie, car l'homme ne peut être sauvé, si personne ne le surveille. **(176)** Les Pythagoriciens tenaient beaucoup à rester dans les coutumes et les lois de leurs pères, lors même qu'elles étaient de beaucoup inférieures à celles des autres, car la facilité que l'on a de quitter les lois existantes pour accepter des innovations, cela n'est aucunement bénéfique ni susceptible d'apporter le salut. Pythagore accomplit encore bien d'autres actions liées à sa piété à l'égard des dieux, montrant ainsi un genre de vie en accord avec ses paroles. **[...] (179)** Il découvrit encore une autre méthode pour retenir les hommes de pratiquer l'injustice : en invoquant le jugement des âmes, car il savait bien que ce récit était non seulement vrai mais aussi utile pour inspirer la crainte de l'injustice. Il enseignait qu'il vaut beaucoup mieux subir une injustice que de tuer un homme (car le jugement a lieu chez Hadès), prenant en considération l'âme et son essence, qui est la première des réalités. Voulant indiquer comment il faut pratiquer une justice finie, qui applique une mesure équitable et mesurée, au milieu des êtres inégaux, incommensurables et infinis, il disait que la justice ressemble à cette figure géométrique qui, seule entre toutes, alors que la disposition de ses formes varie à l'infini, démontre toujours identiques les carrés [des côtés], et que celles-ci sont arrangées de façons dissemblables les unes à l'égard des autres. **(180)** Et puisque dans les rapports avec autrui il existe une sorte de justice, les Pythagoriciens, dit-on, donnaient un enseignement relatif à cette sorte de justice aussi. Le voici : il y a, disaient-ils, concernant les rencontres, un moment opportun et un moment inopportun, et la distinction se fait d'après la différence en âge ou en statut, d'après les liens de parenté ou de bienfaisance, et d'après toute autre chose de cette sorte qui constitue une différence entre êtres humains. Il y a, en effet, une sorte de rencontre d'un jeune homme avec un autre jeune homme qui ne paraît pas inopportune, mais qui avec un homme plus âgé est inopportune : en effet, toute sorte de colère, de menace ou d'audace <n'est pas inopportune>, mais le jeune homme doit rigoureusement se garder de toute inopportunité de cette sorte à l'égard d'un homme plus âgé. Il en va de même concernant le statut : **(181)** en effet, avec un homme qui a acquis par sa conduite honorable une véritable réputation, il n'est ni séant ni opportun de faire montre d'une excessive liberté de langage ni d'aucune des conduites dont on vient de parler. [Pythagore] disait des choses analogues aussi au sujet des relations avec les parents, et de même au sujet des relations avec les bienfaiteurs. Quant au moment opportun, il est de nature variée et diverse : de fait, parmi ceux qui se mettent en colère ou qui s'indignent, les uns le font opportunément, les autres d'une manière inopportune, et encore pour ceux qui éprouvent un désir, un penchant ou qui s'élancent vers tel ou tel objet, pour certains c'est le moment opportun, pour d'autres, c'est inopportun. De même pour les autres passions, les autres actions, les dispositions, les rencontres et les conversations. **(182)** Le « moment opportun » peut, dans une certaine mesure, être enseigné au moyen de règles rationnelles et être traité d'une manière systématique, mais, pour parler d'une façon générale et universelle, rien de cela ne lui appartient. Ce que l'on appelle « saison », ce qui convient ou ce qui est adapté, et toutes les autres notions de ce type, tout cela dépend du « moment opportun » et est, pour ainsi dire, une simple conséquence de la nature du « moment opportun ». Les Pythagoriciens affirmaient que, partout, le principe est l'une des choses les plus importantes, aussi bien dans la science que dans l'expérience ou que dans la génération, ou encore dans une maison, dans une cité, dans une armée ou dans tous les rassemblements de ce genre, et que dans tous les ensembles que l'on vient de mentionner la nature du principe est difficile à considérer et à voir. En effet, dans les sciences, il n'est pas au pouvoir de n'importe quel esprit, après avoir porté son regard sur les diverses parties de la discipline, de comprendre et de juger correctement laquelle d'entre elles est le principe. **(183)** Or si l'on ne détermine pas correctement le principe, cela fait une grande différence et l'on risque de se tromper du tout au tout. Car si l'on n'a pas reconnu le principe véritable, pour le dire tout net, rien dans ce qui suit n'est plus correct. Même chose aussi pour l'autre sorte de principe : jamais une maison ou une cité ne saurait être bien administrée, s'il n'y a pas un véritable chef et s'il n'exerce pas volontairement cette charge et cette administration. Il faut, en effet, que le gouvernement soit voulu par les deux, aussi bien par le gouvernant que par les gouvernés, tout comme, disaient les Pythagoriciens, pour que les connaissances viennent correctement, il faut qu'elles viennent volontairement, parce que les deux côtés le veulent, tant l'enseignant que l'élève. En effet, si l'un quelconque des deux s'y oppose, l'œuvre que l'on se proposait ne saurait aboutir d'une façon correcte. Ainsi donc, il considérait comme une bonne chose d'obéir aux magistrats et d'écouter ses maîtres. [...]

(185) Pythagore entraînait si bien ses disciples à respecter les engagements et à ne jamais mentir à leur occasion, que l'on raconte l'histoire suivante. Lysis, étant venu prier dans le temple d'Héra, rencontra par hasard en sortant Euryphamos de Syracuse, l'un des disciples de Pythagore, qui était dans le vestibule du temple de la déesse. Euryphamos lui demanda de l'attendre, jusqu'à ce qu'il ressorte, après avoir fait, lui aussi, ses dévotions ; Lysis s'assit sur un banc de pierre qui était disposé là. Euryphamos, de son côté, lorsqu'il eut fait ses dévotions, se mit à songer à quelque chose et il était complètement dans ses pensées, et il s'en alla par l'autre porte, oubliant l'accord : Lysis demeura là à attendre, sans bouger, tout le reste du jour, la nuit suivante et la plus grande partie du jour suivant. Et peut-être serait-il resté là encore plus longtemps, si Euryphamos, étant allé le jour suivant à l'école [pythagoricienne], n'avait entendu dire que les disciples recherchaient Lysis, et s'il ne s'était alors ressouvenu de lui. Et allant le chercher, alors qu'il l'attendait encore selon leur accord, il le ramena, en lui disant la raison de son oubli, non sans ajouter : « Cet oubli, c'est un des dieux qui me l'a envoyé, pour servir d'épreuve à ta stabilité dans les accords. »

(186) [Pythagore] fit une loi de s'abstenir de la chair des êtres animés, entre autres raisons parce que cette pratique produit la paix. En effet, [les Pythagoriciens] étant accoutumés à détester le meurtre des animaux comme quelque chose qui va contre la loi et qui est contraire à la nature, et considérant le fait de tuer un homme comme encore plus impie, ne faisaient plus la guerre. Or la guerre est pourvoyeuse et législatrice de meurtres : d'ailleurs elle vit de ces meurtres. Et le symbole : « ne pas passer par-dessus une balance » est une invite à la justice, qui exhorte à pratiquer tous les actes justes, comme cela sera démontré dans notre *Sur les symboles*. Tous ces exemples ont fait voir avec évidence que Pythagore faisait beaucoup d'efforts pour pratiquer la justice et pour l'enseigner aux hommes aussi bien dans ses actes que dans ses propos.

31. Sur la maîtrise de soi-même : comment Pythagore l'a pratiquée et enseignée aux hommes par ses discours, ses actions et par toutes sortes d'opérations, quelles sont ces sortes et lesquelles il a installées parmi les hommes.

(187) Après notre exposé sur la justice doit venir celui relatif à la maîtrise de soi, montrant comment il la pratiqua et comment il l'enseigna à ses disciples. On a déjà rapporté les préceptes généraux relatifs à la maîtrise de soi, dans lesquels Pythagore invite à couper radicalement « par le feu et le fer » tout ce qui est excessif. Au même chapitre appartient l'abstinence de la chair de tous les êtres animés et, en outre, de certains aliments qui provoquent l'incontinence, et aussi l'habitude, lors des banquets, de faire servir des plats doux et variés, et de les envoyer aux esclaves, en les faisant servir seulement pour châtier nos désirs ; et le fait qu'aucune femme libre ne devait porter d'or, mais seulement les courtisanes. Et l'état de veille de l'esprit ainsi que de supprimer ce qui l'empêche, tout cela relève du même chapitre. **(188)** En outre, tenir sa langue et pratiquer un silence complet, qui entraînent à maîtriser sa langue ; examiner et étudier d'une manière soutenue et incessante les connaissances les plus difficiles à saisir ; pour les mêmes raisons, s'abstenir de vin, prendre une alimentation réduite et très peu de sommeil, résister sans affectation à la gloire, à la richesse et aux choses de cet ordre ; respecter sans hypocrisie les anciens, mais à l'égard de ses contemporains avoir une égalité sans feinte et de l'amitié, et envers les plus jeunes une sollicitude encourageante, mais exempte d'envie, et tous autres traits de cette sorte, tout cela sera classé sous la même vertu.

[...]

(195) D'une nature analogue étaient aussi les préceptes relatifs au silence, car ils mènent aussi à la pratique de la maîtrise de soi : en effet, l'exercice le plus difficile à pratiquer dans le contrôle de soi, c'est de maîtriser sa langue. Relève de la même vertu le fait d'avoir convaincu les Crotoniates de renoncer aux unions impies et bâtardes avec des courtisanes, ainsi que le redressement par le moyen de la musique, grâce auquel il réussit à ramener à la maîtrise de soi le jeune homme qui brûlait de désir sous l'effet de l'amour. Enfin l'exhortation qui éloigne de l'intempérance relève de la même vertu.

(196) Voici les enseignements dont Pythagore était l'auteur, et qu'il a transmis aux Pythagoriciens. En effet, ils s'appliquaient à ce que leur corps demeurât <toujours> dans le même état, et ne fût pas tantôt décharné, tantôt grassouillet, car ils considéraient cela comme le signe d'un mode de vie déréglé. De même aussi, touchant l'esprit : ils n'étaient pas tantôt gais, tantôt abattus, mais leur joie était calme et sereine. Ils repoussaient les accès de colère, de découragement et d'agitation, et ils observaient le précepte suivant : aucun malheur humain ne doit être inattendu pour ceux qui sont clairvoyants, lesquels doivent plutôt s'attendre à tout ce dont ils ne sont pas maîtres. Mais s'il arrivait que la colère, la peine ou un autre sentiment du même genre survînt en eux, ils s'en débarrassaient, et chacun, se mettant à part, cherchait à « digérer » cette passion et à la guérir. **(197)** On raconte aussi sur les Pythagoriciens qu'aucun d'entre eux n'a jamais puni un esclave ni réprimandé un homme libre, sous l'empire de la colère, mais que chacun attendait d'avoir recouvré son bon sens (ils appelaient « rétablissement » une réprimande), et qu'ils parvenaient à se ressaisir dans le silence et la tranquillité. **[...]**

C'était une noble coutume aussi que de tout rapporter à Pythagore, de tout lui attribuer et de ne revendiquer aucune gloire personnelle pour ce qui avait été découvert, à peu d'exceptions près ; car il y a très peu de Pythagoriciens dont on connaisse des mémoires [propres]. **(199)** Le soin qu'ils mettaient à les préserver de toute diffusion provoque l'admiration. Pendant toutes ces générations, personne, avant l'époque de Philolaos, n'a lu, c'est avéré, le moindre mémoire pythagoricien, mais c'est lui le premier qui a révélé les trois fameux livres que, raconte-t-on, Dion de Syracuse acheta pour une somme de cent mines, à la demande de Platon, alors que Philolaos était tombé dans une très grande pauvreté, car ce dernier faisait aussi partie de la fraternité des Pythagoriciens et avait eu de ce fait accès à leurs livres.

(200) À propos de l'opinion, voici, raconte-t-on, ce qu'ils disaient. C'est une chose insensée que de se préoccuper de l'opinion de n'importe qui sur n'importe quoi, et surtout de tenir compte de l'opinion du grand nombre, car c'est le petit nombre qui arrive à bien juger et à se faire une opinion juste. Cette capacité, en effet, n'appartient qu'à ceux qui savent. Or ces gens sont peu nombreux. Il est donc évident qu'une telle capacité ne peut s'étendre au grand nombre. Mais ce n'est pas non plus une chose sensée de mépriser tout jugement, toute opinion, car celui qui présente cette disposition sera ignorant et incorrigible. L'ignorant doit apprendre ce qu'il ignore et ne sait pas ; tandis que celui qui apprend doit se préoccuper du jugement et de l'opinion de celui qui sait et peut enseigner. **(201)** Pour parler de façon générale, il faut que ceux des jeunes gens qui veulent assurer leur salut se préoccupent du jugement et de l'opinion de ceux qui sont plus âgés et qui ont vécu dans le bien. Considérée dans son ensemble, la vie humaine présente des « tranches » d'âge (c'est le terme que, dit-on, ils utilisaient), qu'il est impossible au premier venu de mettre en rapport les unes avec les autres. Ces âges, en effet, entrent en conflit les uns avec les autres, si l'on ne mène pas l'individu sur la voie du bien et de la justice depuis sa naissance. Lorsque l'éducation de l'enfant est bonne, orientée vers la maîtrise de soi et le courage, une part considérable de cette éducation doit être transmise et subsister à l'adolescence ; de même, quand l'adolescent est bien élevé et bien éduqué, dans le courage et dans la maîtrise de soi, une part considérable de cette éducation doit être transmise et subsister à l'âge d'homme. Mais ce qui arrive au grand nombre est absurde et ridicule. **(202)** En effet, lorsqu'ils sont enfants, ils doivent obéir, faire preuve de la maîtrise de soi et s'abstenir de tout ce qui est considéré comme grossier et inconvenant, mais, devenus adolescents, ils sont libres, au moins chez le plus grand nombre, de faire ce qu'ils veulent. Or, à cet âge, confluent, pour ainsi dire, l'une et l'autre espèces de fautes, car les adolescents commettent nombre de fautes qui relèvent aussi bien de l'enfance que de l'âge adulte. En effet, refuser, pour parler sans détour, toute espèce de sérieux et de discipline et rechercher ce qui se rapporte au jeu, au laisser-aller, et à l'insolence enfantine, voilà ce qui caractérise le mieux l'âge de l'enfance. Eh bien, ce type de disposition passe de l'enfance à l'âge suivant. D'un autre côté, les manifestations violentes du désir ainsi que de l'ambition, tout comme les autres impulsions et dispositions, qui sont d'un type pénible et violent, passent de l'âge adulte à l'adolescence. Voilà pourquoi de tous les âges de la vie, c'est l'adolescence qui réclame le plus de soin. **(203)** Pour le dire d'une manière générale, il ne faut jamais laisser l'homme faire ce qu'il veut, mais il faut toujours qu'interviennent une surveillance et une règle qui assurent la loi et le bon ordre, auxquelles se soumettra chacun des citoyens, car, lorsqu'il est abandonné à lui-même et qu'on ne s'occupe pas de lui, l'être vivant tombe bien vite dans le mal et le vice. Souvent, disaient-ils, les Pythagoriciens soulevaient la question suivante et en débattaient : pourquoi accoutumons-nous les enfants à prendre les aliments de façon ordonnée et modérément, pourquoi leur présentons-nous cet ordre et cette modération comme quelque chose de bien, et leurs contraires, le désordre et l'excès comme quelque chose de mal, ce qui explique pourquoi l'ivrogne et le goinfre sont l'objet d'un blâme sévère ? En effet, si rien de cela ne présente d'utilité quand nous atteignons l'âge adulte, il est vain de nous habituer, dans notre enfance, à cet ordre. Même chose pour les autres habitudes. **(204)** En tout cas, ce n'est pas ce qui arrive avec tous les autres animaux qui sont dressés par l'homme, mais dès le début le chiot ou le poulain s'habituent et apprennent ce qu'ils devront faire lorsqu'ils auront atteint leur maturité. Et en général, disaient-ils, les Pythagoriciens exhortaient ceux qui rejoignaient leur communauté à se méfier du plaisir plus que de toute autre chose ; rien, en effet, ne nous fait plus facilement glisser et tomber dans la faute que cette expérience. De façon générale, semble-t-il, ils soutenaient qu'il ne fallait jamais rien faire en recherchant le plaisir (car, dans la plupart des cas, un tel but est à la fois inconvenant et néfaste), mais qu'il fallait faire ce qu'on devait faire, en considérant en tout premier lieu le bien et le convenable et en second lieu l'avantageux et l'utile. Faire un tel choix exige, ajoutaient-ils, une faculté de jugement qui n'est pas la première venue.

(205) Concernant ce qu'on appelle « le désir relatif au corps » voici, disaient-ils, ce que disaient ces philosophes. Comme tel, le désir est une sorte de propension de l'âme, une impulsion, un appétit visant soit au remplissage par quelque chose soit à la présence de certains objets sensibles ou bien d'une certaine disposition sensible. Mais le désir du contraire se produit aussi, c'est-à-dire un désir d'évacuation, recherchant l'absence de certains objets sensibles ou bien visant à ne pas percevoir certains objets sensibles. Cette passion est variée, c'est probablement celle qui se présente sous le plus grand nombre de formes chez l'homme. Or, dans leur immense majorité, les désirs humains sont acquis et ce sont les hommes eux-mêmes qui les produisent ; voilà pourquoi le désir relatif au corps exige le plus grand soin, la plus grande attention et même un entraînement physique qui sort de l'ordinaire. Quand, en effet, le corps est vide, le désir de nourriture est quelque chose de naturel, et, quand à l'inverse il est rempli, le désir de l'évacuation qui s'ensuit est aussi quelque chose de naturel. Mais le désir d'une nourriture raffinée, d'une garde-robe et d'une literie raffinées et somptueuses, d'un habitat raffiné, coûteux et magnifique, tout cela relève d'un désir artificiel. Il en va de même pour les meubles, les verres à boire, les serviteurs et les animaux qu'on élève pour manger. **(206)** De façon générale, parmi les passions qui affectent l'être humain, cette passion-ci présente la particularité de ne s'arrêter nulle part et de s'étendre à l'infini. C'est pourquoi, dès l'enfance, il faut veiller à ce que les enfants désirent ce dont ils ont besoin, mais qu'ils se gardent de désirs vains et superflus, en n'étant pas troublés et contaminés par des appétits de ce type et en méprisant ceux qui méritent le mépris, c'est-à-dire ceux qu'enchaînent les désirs. Il faut surtout détecter ceux des désirs vains, néfastes, excessivement raffinés et violents qui naissent chez ceux qui ont le pouvoir. En effet, il n'y a rien d'assez absurde, pour retenir de s'y précipiter, l'âme d'enfants, d'hommes et de femmes de cette espèce. **(207)** En général, le genre humain montre une très grande diversité par la quantité de ses désirs. La diversité des aliments en apporte un signe évident. En effet, le genre humain consomme un nombre illimité d'espèces de fruits aussi bien que de racines. En outre, il consomme toutes sortes de viandes, et ce serait une tâche ardue que de découvrir de quel animal il s'abstient de manger, parmi ceux qui vivent sur la terre, dans l'air ou dans l'eau. Et encore y a-t-il toutes sortes de façons de préparer ces viandes qu'on sert avec toutes sortes de sauces. Rien d'étonnant, à considérer les mouvements de son âme, si l'on conclut que la gent humaine est folle et versatile. **(208)** En effet, chacun des aliments consommés provoque une disposition déterminée. Pourtant, les êtres humains ne font attention qu'aux aliments qui provoquent une modification brutale, le vin par exemple : consommé en quantité, il rend les gens plus joyeux jusqu'à un certain point, ensuite il les rend complètement fous et indécents ; mais ils ignorent les aliments qui ne font pas montre d'un tel pouvoir. Il n'en reste pas moins que tout aliment provoque une disposition déterminée. Voilà pourquoi connaître et décider quelle nourriture consommer et en quelle quantité réclame un grand savoir. Au départ, ce savoir appartenait à Apollon et à Pæan, puis il fut transmis aux sectateurs d'Asclépios.

(209) En ce qui concerne la procréation, les Pythagoriciens, disaient-ils, tenaient le discours suivant. En général, pensaient-ils, il faut se garder de ce que l'on appelle la « précocité » (car ni les plantes ni les animaux précoces ne produisent de bons fruits), mais un certain laps de temps <doit s'écouler> avant que des fruits ne soient produits, pour que semences et fruits proviennent de corps vigoureux et parvenus à maturité. Il faut donc élever les garçons et les filles en les soumettant à des travaux pénibles, des exercices et des épreuves d'endurance convenables, et en leur donnant une nourriture en accord avec un mode de vie dur, discipliné et rude. Or il y a beaucoup de choses dans la vie humaine qu'il vaut mieux apprendre à connaître tardivement, et notamment l'activité sexuelle. **(210)** Il faut donc qu'un garçon soit élevé de telle sorte qu'il ne cherche pas à connaître cette sorte d'union avant d'avoir eu vingt ans. Et, lorsqu'il est parvenu à cet âge, il ne doit s'adonner au plaisir sexuel que rarement. Tel sera le cas si une parfaite santé est regardée comme quelque chose d'honorable et de bon. En effet, il est strictement impossible que l'intempérance et une parfaite sensation de bien-être physique cohabitent chez le même individu. Les Pythagoriciens, disaient-ils, louaient, parmi celles qui avaient cours dans les cités grecques avant leur époque les coutumes suivantes : s'abstenir d'avoir des relations sexuelles avec sa mère, avec sa fille ou avec sa sœur, dans un temple ou en plein air, car il est bon et avantageux que cette activité soit l'objet du plus grand nombre possible d'empêchements. Et ces philosophes estimaient, semble-t-il, qu'il faut empêcher les actes d'engendrement qui ont lieu contre nature et dans la violence, et que, parmi ceux qui se produisent selon la nature et dans la maîtrise de soi, il ne faut accepter que ceux qui se font en vue d'une procréation dans la tempérance et l'observance des lois. **(211)** Ils considéraient que ceux qui engendrent des enfants devaient faire preuve d'un grand soin pour ce qui concerne leurs futurs rejetons. Le premier soin et le plus important consiste à n'entreprendre de faire des enfants qu'après avoir mené et en menant une vie pleine de modération et saine, sans se remplir de nourriture au-delà du raisonnable, sans consommer des aliments qui dégradent la condition du corps, et évidemment sans s'enivrer, ce qui est le pire de tout. En effet, ils pensaient que la semence qui venait d'une constitution corporelle mauvaise, discordante et troublée était défectueuse. **(212)** Et, en général, ils pensaient que faisait absolument preuve de négligence et d'irréflexion celui qui, voulant donner la vie et faire venir un être à l'existence, ne prend pas toutes les précautions pour que la venue de ses rejetons à l'existence et à la vie se fasse dans les conditions les plus favorables possibles. En tout cas, les amateurs de chiens apportent le plus grand soin à l'élevage des chiens, et font en sorte que de bons chiots naissent des parents qu'il faut, quand il le faut, et présentant les dispositions qu'il faut. Et il en va de même pour les amateurs d'oiseaux. **(213)** Et il est clair aussi que tous ceux qui s'adonnent à l'élevage des animaux de race prennent toutes leurs précautions pour que leur reproduction ne se fasse pas au hasard. En revanche, les êtres humains ne font aucun cas de leurs propres rejetons, ils les engendrent au hasard, n'importe comment, en agissant de toute façon à la légère, puis ils les élèvent et les éduquent en négligeant beaucoup leur tâche. Voilà quelle est la cause la plus importante et la plus évidente du vice et de la perversité qui caractérisent la plupart des hommes. En effet, pour le grand nombre, la procréation s'apparente à un jeu de hasard comme chez les bestiaux.

Tels étaient les enseignements et les pratiques relatifs à la maîtrise de soi mis en œuvre aussi bien en paroles qu'en actes par ces hommes-là, lesquels regardaient depuis toujours ces instructions comme des oracles d'Apollon Pythien rendus par Pythagore lui-même.

32. Sur le courage : combien et quels préceptes Pythagore a enseignés aux hommes, combien de pratiques et d'actions généreuses il a lui-même accomplies, et lesquelles il a fait accomplir à ceux qui le fréquentaient.

(214) Beaucoup de choses déjà dites concernent aussi le courage et lui sont liées. Par exemple, **[...]** les valeureuses actions qu'accomplit Pythagore lui-même : il voyagea partout seul, il s'exposa à d'innombrables fatigues et dangers, il choisit de quitter sa patrie et de passer sa vie à l'étranger, il renversa des tyrannies et ramena l'ordre dans des cités en proie aux troubles, il libéra les cités de la servitude et mit un terme à l'irrespect de la loi, ruina l'agressivité et rabaissa les hommes insolents et tyranniques, il s'offrit lui-même comme un guide doux pour des hommes eux-mêmes doux, il éloigna de son entourage les gens sauvages et insolents, refusant même de leur répondre. Aux premiers, il apportait de tout cœur son appui, tandis qu'il s'opposait aux seconds de toutes ses forces.

[...]

(223) Posons comme autre preuve de son courage le fait qu'il restait fidèle à ce principe légitime : il ne faisait que les choses qui avaient gagné son assentiment et qui étaient dictées par la droite raison, parce que ni le plaisir, ni la peine, ni aucune autre passion ou le danger ne pouvait l'en éloigner, et aussi le fait que ses disciples choisissaient la mort plutôt que de transgresser en quoi que ce fût ses prescriptions. Mis à l'épreuve dans toutes sortes de circonstances pénibles, leur caractère restait inchangé et incorruptible, et même confrontés à de multiples infortunes, jamais ils ne changèrent. Chez eux, on exhortait sans cesse à « toujours venir au secours de la loi et combattre l'illégalité » et aussi à éviter et à repousser la volupté, et à s'accoutumer, dès la naissance, à un genre de vie sage et courageux.

(224) Ils avaient des chants composés pour lutter contre les passions de l'âme, les uns conçus pour lutter contre le désespoir et le découragement, et d'autres contre les accès de colère et de fureur, grâce auxquels ils pouvaient intensifier ou calmer les passions jusqu'à les mettre en accord avec le courage. Et voici quelle était l'assise la plus solide pour la valeur du caractère : c'est qu'ils étaient convaincus qu'aucun malheur humain ne doit être inattendu pour ceux qui sont clairvoyants, lesquels doivent plutôt s'attendre à tout ce dont ils ne sont pas maîtres. **(225)** Mais s'il arrivait que la colère, la peine ou un autre sentiment du même genre survînt en eux, ils s'en débarrassaient, et chacun, se mettant à part, cherchait à « digérer » cette passion et à la guérir avec courage.

Faisait aussi partie de leur courage l'effort qu'ils faisaient pour acquérir le savoir et s'y exercer ; les épreuves auxquelles ils se soumettaient pour déceler l'existence de ces passions innées en tous, que sont la méchanceté et la cupidité ; contre le vice inné en tous et la cupidité, les châtiments et les punitions les plus variés et des retranchements inexorablement infligés par « le fer et par le feu », qui ne faisaient l'économie d'aucune fatigue, d'aucune souffrance. C'est dans ce but en effet qu'ils pratiquaient courageusement l'abstinence de la chair de tous les êtres animés, et qu'ils gardaient leur esprit en état de veille et de pureté par rapport à ce qui l'empêche ; c'est pour cela qu'ils s'efforçaient de tenir leur langue et de pratiquer un complet silence, pour s'entraîner à maîtriser leur langue pendant de longues années —, tout cela les entraînait au courage, ainsi qu'un examen et une étude intenses et incessants relativement aux connaissances les plus difficiles à saisir. **(226)** Et, pour les mêmes raisons, ils s'abstenaient de vin, mangeaient et dormaient peu, dédaignaient la gloire, la richesse et les autres choses du même genre. Et tout cela les faisait tendre vers le courage.

Ces philosophes, dit-on, s'abstenaient de lamentations, de pleurs et de toute autre manifestation de cette sorte. Ils s'abstenaient aussi d'adresser des prières, des supplications et toute sorte de flatterie servile du même genre, estimant qu'elles étaient lâches et viles. C'est le même genre de caractère qui explique que tous ont toujours gardé secrètes, entre eux, leurs doctrines les plus importantes et les plus profondes : ils gardaient rigoureusement « bouche cousue » à l'égard des gens de l'extérieur, les conservant dans leur mémoire sans les faire circuler ni les mettre par écrit, et ne les communiquaient qu'à leurs successeurs, comme les Mystères divins. **(227)** Voilà pourquoi pendant longtemps aucune doctrine digne de mention ne fut divulguée ; les doctrines enseignées et apprises n'étaient connues qu'à l'intérieur de l'École. En présence d'étrangers ou, pour ainsi dire, de profanes, s'il s'en trouvait jamais, ces gens-là ne se parlaient les uns aux autres que par énigmes, dont gardent trace maintenant encore les maximes que tout le monde répète, par exemple : « Ne tisonne pas le feu avec un couteau » et les autres « symboles » de ce genre qui, sur un plan littéral, ressemblent à des recommandations de bonne femme, mais qui, une fois interprétés, apportent un avantage admirable et vénérable à ceux qui en sont les bénéficiaires. **(228)** Le précepte le plus important touchant le courage, c'est de se proposer comme primordial le but suivant : protéger l'intellect et l'affranchir de toutes les entraves et de tous les liens qui le retiennent depuis l'enfance. Sans cela, en effet, il est absolument impossible d'apprendre ni de percevoir quoi que ce soit de correct et de vrai, quel que soit le sens en activité. Pour eux, en effet, « l'intellect voit tout, entend tout ; tout le reste est sourd et aveugle ». En deuxième lieu, à un homme qui a été purifié de tout le reste et qui a été préparé de diverses façons par le moyen d'initiations scientifiques, il faut alors mettre tous ses soins à dispenser quelque chose d'avantageux et de divin, de sorte que, en s'écartant du monde des corps, il ne s'effraie point, ou que, en s'approchant des incorporels, il ne détourne son regard d'eux en raison de leur très fort éclat, ou qu'il ne se tourne vers les passions qui clouent l'âme au corps et l'y fixent, mais qu'il soit rigoureusement indomptable par les passions issues du monde de la génération et qui font descendre ici-bas. En effet, pratiquer tous ces exercices et ainsi élever l'âme, voilà en quoi consiste le courage absolument parfait. Voilà assez de preuves du courage chez Pythagore et chez les Pythagoriciens.

33. Sur l'amitié : sa nature et son importance chez Pythagore lui-même, et comment il l'étendait à tous les hommes ; combien de sortes d'amitié il a distinguées, et quelles actions, en accord avec leurs pratiques, les Pythagoriciens ont accomplies.

(229) Pythagore a enseigné de la manière la plus explicite l'amitié de tous pour tous : des dieux pour les hommes grâce à leur piété et leur science du culte ; des doctrines les unes avec les autres et, en général, de l'âme avec le corps, de l'espèce rationnelle de l'âme avec les espèces non rationnelles grâce à la philosophie et à son étude ; des hommes les uns avec les autres : des citoyens grâce à un salutaire respect de la législation, des membres de groupes ethniques différents grâce à la connaissance correcte de la nature ; du mari avec l'épouse, les enfants, les frères et les gens de la maison, grâce à une communauté indéfectible. Bref, une amitié de tous avec tous, et même avec certains êtres privés de raison une amitié grâce à la justice, grâce à l'existence de liens que tisse la nature et grâce à une communauté. Enfin, dans le corps, qui est par lui-même mortel, la pacification et l'accord entre les qualités contraires qui sont cachées en lui, grâce à la santé, grâce à un régime qui y tend, grâce à la sagesse, à l'imitation de la prospérité qui règne dans les éléments de l'univers. **(230)** S'appliquant à tous ces aspects, il n'y a qu'un seul et même nom, celui d'amitié et, de l'aveu de tous, Pythagore l'a inventé et établi ; et si admirable est l'amitié qu'il a enseignée à ses disciples que maintenant encore le grand nombre, à propos de ceux qui sont particulièrement bien disposés l'un à l'égard de l'autre, dit : « Ils sont des Pythagoriciens ». Eh bien, il faut maintenant présenter l'enseignement de Pythagore à ce sujet et les préceptes qu'il enseigna à ses disciples. Ces gens-là recommandaient donc de débarrasser la véritable amitié de toute compétition et de toute rivalité, dans tous les cas si possible, sinon dans le cas de l'amitié qui s'attache aux parents et, en général, de celle qui s'attache aux personnes plus âgées, et aussi de celle qui s'attache aux bienfaiteurs. En effet, avec des personnes de cette sorte si, en plus, intervient quelque accès de colère ou d'une passion de la sorte, la compétition et la rivalité ruinent l'amitié qui existait. **(231)** Dans l'amitié, disaient-ils, il doit y avoir le moins de blessures et de plaies possible. <Tel sera le cas>, si les deux parties savent céder et maîtriser leur colère, surtout évidemment pour le plus jeune qui occupe l'une quelconque des positions susdites. **[...] (232)** Il ne faut jamais retrancher la confiance de l'amitié, soit par plaisanterie soit sérieusement. En effet, il n'est pas facile de sauvegarder l'amitié existante, une fois que le mensonge s'est insinué dans le caractère de ceux qui se prétendent des amis. Il ne faut pas renoncer à l'amitié en raison d'un malheur ou de tout autre accident qui frappe au cours de la vie de tous les jours, mais seule une faute importante ou irréparable peut constituer une raison acceptable pour renoncer à un ami et à une amitié. Il ne faut jamais de plein gré choisir d'être l'ennemi de ceux qui ne sont pas totalement méchants, mais, une fois ce choix fait, il faut noblement persévérer dans le combat, tant que le caractère de celui avec lequel on a un différend ne change pas et que la bonne volonté ne s'instaure pas. [Il faut] combattre non pas avec des mots, mais avec des actes, car l'ennemi est protégé par la loi divine comme la loi humaine, si le combat est mené d'homme à homme. Dans la mesure du possible, on ne doit jamais être la cause d'un différend, <et> l'on doit se garder de n'en surtout point fournir l'occasion. **(233)** Pour qu'une amitié devienne une véritable amitié, il faut, disaient-ils, que le plus grand nombre possible de choses soient définies et convenues, qu'elles fassent l'objet d'une décision soigneuse et ne soient pas laissées au hasard. Qui plus est, bien sûr, il faut se rapporter au caractère de chaque individu, de sorte qu'aucune conversation ne soit le fruit de la négligence ou laissée au hasard, mais qu'elle soit menée dans le respect, la réflexion et le bon ordre, pour éviter qu'aucune passion, par exemple le désir ou la colère, ne soit suscitée par le hasard, ou par une conduite irréfléchie et fautive. Le même discours était tenu sur toutes les autres passions et dispositions.

Que les Pythagoriciens n'aient pas refusé à la légère de nouer des liens d'amitié avec des étrangers, et qu'ils les aient même soigneusement évités, et aussi qu'ils aient fermement maintenu pendant plusieurs générations les liens d'amitié qui les unissaient les uns aux autres, voilà ce que l'on pourrait conjecturer en particulier de ce qu'Aristoxène, dans sa *Vie de Pythagore*, dit avoir lui-même entendu de Denys de Sicile, le tyran, lorsque chassé du pouvoir, il enseignait la grammaire à Corinthe. **(234)** Aristoxène s'exprime donc ainsi : « Les Pythagoriciens se gardent le plus possible des lamentations, des larmes et de toutes autres manifestations de ce genre ; et il en va de même pour la flatterie, la prière et la supplication et tous les comportements de ce genre. Denys donc, qui, après avoir été chassé de la tyrannie, était venu à Corinthe, nous racontait souvent l'histoire de Phintias et Damon, deux Pythagoriciens. Il s'agissait de la garantie offerte pour un condamné à mort, et voici comment cette garantie fut offerte.

Certains membres de son entourage, racontait Denys, mentionnaient souvent les Pythagoriciens, pour les ridiculiser, se moquer d'eux et les traiter de vantards, et ils disaient que leur dignité, leur prétendue fidélité et leur inaccessibilité à la passion les abandonneraient si on leur faisait assez peur. **(235)** D'autres prétendaient que ce n'était pas le cas, et une dispute s'éleva. Et l'on combina l'intrigue suivante contre Phintias. Ayant mandé Phintias, Denys lui déclara, devant l'un de ses accusateurs, que la preuve avait été apportée qu'il était impliqué avec d'autres dans un complot contre lui. Ceux qui étaient là témoignèrent qu'il en était ainsi, et Denys donna vraiment l'impression d'être indigné. Phintias fut stupéfié par ces propos. Et comme Denys déclarait sans ambages que les faits évoqués dans l'accusation avaient été soigneusement établis et que Phintias devait mourir, ce dernier répliqua que, s'il était d'accord pour qu'il en allât ainsi, il demandait que lui fût accordé le reste de la journée, pour régler ses affaires et celles de Damon. En effet, les deux hommes vivaient ensemble et partageaient tout, mais Phintias, parce qu'il était le plus âgé, s'était chargé de l'administration de la plupart des affaires domestiques. Il demanda donc à être libéré pour accomplir cette tâche et proposa Damon comme garant. **(236)** Denys disait alors s'être étonné, et avoir posé cette question : « Existe-t-il cet homme qui acceptera de se porter garant au prix de la mort ? » Quand Phintias eut répondu « oui », on envoya chercher Damon, qui, mis au courant des événements, répondit qu'il allait se porter garant et rester là, jusqu'à ce que Phintias revienne. Denys, donc, racontait qu'il avait été frappé d'un grand étonnement par cette conduite, mais que ceux qui depuis le début avaient manigancé cette épreuve se moquaient de Damon, lui disant qu'il serait laissé là comme un otage et ils ajoutaient en plaisantant qu'il était le daim de remplacement. Mais, au coucher du soleil, Phintias revint pour mourir, ce qui étonna et subjugua tout le monde. Alors Denys, à ce qu'il racontait, serra les deux hommes dans ses bras, les embrassa et leur demanda d'être admis en troisième dans leur amitié, mais eux, bien qu'il ait insisté, n'étaient en aucune manière disposés à accéder à sa demande. **(237)** Et toute cette histoire, Aristoxène la raconte comme l'ayant obtenue de Denys lui-même. On dit aussi que, même lorsqu'ils ne se connaissaient pas les uns les autres, les Pythagoriciens cherchaient à rendre des services amicaux en faveur de ceux qu'ils n'avaient jamais vus auparavant, pourvu qu'ils eussent la preuve qu'ils partageaient les mêmes doctrines. Aussi de telles conduites empêchent-elles de douter de cette parole : « Les hommes de bien, même s'ils habitent aux deux bouts de la terre, sont déjà des amis, avant même de se connaître et de s'adresser la parole ». En tout cas, on raconte qu'un Pythagoricien, qui était descendu dans une auberge après avoir accompli une longue route solitaire, tomba, à cause de la fatigue et pour de multiples autres raisons, dans une maladie longue et grave, si bien que les ressources vinrent à lui manquer. **(238)** Pourtant, l'aubergiste, soit qu'il eût pitié de cet homme ou que ce fût par hospitalité, lui fournit tout, sans lésiner sur son assistance ni sur aucune dépense. Lorsque la maladie s'aggrava, l'homme qui était résigné à mourir traça un « symbole » sur une tablette et recommanda à l'aubergiste de veiller, s'il lui arrivait malheur, à suspendre la tablette sur le bord de la route, pour voir si un des passants ne reconnaîtrait pas le symbole. Celui-là, disait-il, en effet, lui rembourserait les dépenses faites pour lui, et le récompenserait en son nom. Après le décès de l'homme, l'aubergiste s'occupa de son corps et l'inhuma, non qu'il eût l'espoir de récupérer les sommes dépensées, et encore moins d'être récompensé par quelqu'un qui reconnaîtrait la tablette. Néanmoins étonné par les recommandations faites, il voulut faire l'essai et en chaque occasion il exposait la tablette en un endroit bien en évidence. Longtemps après, un Pythagoricien passant par là s'arrêta et comprit qui avait placé là ce symbole ; il s'enquit de ce qui s'était passé et remit à l'aubergiste une somme d'argent beaucoup plus considérable que celle qu'il avait dépensée.

[...]

(240) Voilà donc de beaux et nobles exemples d'amitié, mais encore plus admirable était ce qu'ils enseignaient sur la participation aux biens divins, sur l'unanimité de l'intellect et sur l'âme divine. En effet, ils se recommandaient souvent mutuellement de ne point disperser le dieu qui se trouve en eux. C'est donc à une sorte de fusion avec le dieu, à une union avec lui, et à une communion de l'intellect et de l'âme divine que visait tout le soin qu'ils mettaient à réaliser l'amitié en actes et en paroles. Personne ne saurait trouver un but, exprimé en paroles ou réalisé en actes, meilleur que celui-là ; et je pense même que tous les biens de l'amitié sont embrassés en lui. C'est pourquoi à notre tour, ayant fait le tour de tous les avantages de l'amitié telle que conçue par Pythagore pour ainsi dire en ce chapitre, nous n'en dirons pas davantage sur le sujet.

[...]

35. Comment se produisit un soulèvement contre les Pythagoriciens ; où était alors Pythagore, et pour quelles raisons les hommes tyranniques et insensés se sont dressés contre eux.

(248) Mais il y avait des gens qui étaient hostiles à ces philosophes et qui se soulevèrent contre eux. Que ce complot ait eu lieu alors que Pythagore était absent, tous les auteurs en conviennent, mais ils sont en désaccord sur le voyage de Pythagore dont il s'agissait : les uns prétendent que Pythagore était alors parti auprès de Phérécyde de Syros, les autres à Métaponte. On allègue un grand nombre de causes pour ce complot ; l'une, qui attribue le complot à ceux que l'on appelle « les hommes de Kylôn », est la suivante. Kylôn, un Crotoniate, qui, par sa naissance, sa réputation et sa richesse, faisait partie des premiers citoyens de la ville, mais qui était, par ailleurs, dur, violent, coléreux et d'un caractère dominateur, avait fait tous les efforts possibles pour être admis à partager la vie des Pythagoriciens ; étant allé trouver Pythagore lui-même, qui était déjà vieux, il fut refusé à l'examen pour les raisons que l'on vient de dire. **(249)** Après cela, il déclencha, lui-même aussi bien que ses partisans, une violente guerre contre Pythagore lui-même et ses disciples, et la jalousie de Kylôn lui-même et de ceux qui s'étaient rangés à ses côtés était si forte et si tenace, qu'elle s'étendit jusqu'au dernier des Pythagoriciens. C'est donc pour cette raison que Pythagore s'en alla à Métaponte, et c'est là, dit-on, qu'il finit sa vie ; quant à ceux que l'on appelait « les hommes de Kylôn », ils n'arrêtaient pas de comploter contre les Pythagoriciens et de manifester en toute occasion leur hostilité. **[...]** Pour finir, [les hommes de Kylôn] en vinrent à attaquer si violemment ces philosophes, que, alors que les Pythagoriciens étaient réunis dans la maison de Milôn à Crotone, et qu'ils discutaient d'affaires politiques, ils mirent subrepticement le feu à la maison et les firent tous brûler à l'exception de deux, Archippos et Lysis : c'étaient les deux plus jeunes et les plus robustes, et, en quelque façon, ils réussirent à se frayer un chemin. **(250)** Après cela, comme les villes n'attachaient aucune importance à la catastrophe qui venait d'arriver, les Pythagoriciens cessèrent de s'occuper d'elles. Cela se produisit pour deux raisons : à cause du désintérêt montré par les villes (en effet, elles ne prêtèrent aucune attention à une pareille catastrophe), et à cause de la perte des hommes les plus aptes à gouverner. Et sur les deux qui furent sauvés, tous deux originaires de Tarente, l'un, Archippos, rentra à Tarente, tandis que Lysis, détestant le désintérêt montré par les villes, s'embarqua pour la Grèce, et s'installa en Achaïe (dans le Péloponnèse), puis il déménagea à Thèbes, parce qu'il s'y manifestait un certain intérêt pour lui : là il eut comme disciple Épaminondas, et celui-ci appelait Lysis son père. C'est ainsi qu'il acheva sa vie. Quant au reste des Pythagoriciens, ils quittèrent l'Italie, sauf Archytas de Tarente ; et **(251)** s'étant réunis à Rhégium, ils séjournaient là en compagnie les uns des autres. Le temps passant, et comme les régimes politiques devenaient de pire en pire, <*****> étaient les plus sérieux Phantôn et Échekratês, Polymnastos et Dioklês (des habitants de Phlionte), et enfin Xénophilos le Chalcidien de Thrace. Ils continuèrent à garder les coutumes ancestrales ainsi que les connaissances, bien que l'école périclitât, jusqu'à ce qu'ils finissent par disparaître dans l'honneur.

Voilà donc ce qu'Aristoxène rapporte ; Nicomaque est d'accord avec cette histoire, sauf qu'il dit que le complot eut lieu au cours d'un voyage de Pythagore. **(252)** En effet, il était allé à Délos auprès de Phérécyde de Syros, qui avait été son maître, pour prendre soin de lui, parce qu'il était en proie au mal que les historiens appellent dans sa maladie "pédiculaire", et pour l'ensevelir. À ce moment-là donc, ceux qui avaient été rejetés par les Pythagoriciens et inscrits sur des stèles funéraires s'attaquèrent à eux et les firent tous brûler partout, mais les agresseurs furent lapidés par les Italiotes pour cette attaque et laissés là sans sépulture. De ce moment la science vint à manquer en même temps que ceux qui savaient, car elle est restée jusqu'à ce jour à l'abri dans leurs cœurs sans qu'ils la révèlent, et c'est seulement des choses difficiles à comprendre et inexplicables qui ont demeuré dans la mémoire de ceux du dehors, sauf un tout petit nombre de doctrines conservées comme des étincelles faibles et indécelables par certains qui s'étaient trouvés à ce moment-là en voyage à l'étranger. **(253)** En effet, isolés, complètement désespérés par ce qui était arrivé, ils se dispersèrent chacun en un endroit différent, et ne supportant plus de partager la conversation d'un seul homme, ils s'isolèrent dans des régions inhabitées, partout où c'était possible, et se renfermant complètement, chacun se réjouissait de sa propre société de préférence à celle de tout autre. Mais craignant que le nom de la philosophie ne disparût complètement du monde, et qu'ainsi ils ne mécontentassent les dieux, en laissant périr un don si grand fait par les dieux, ils composèrent des Mémoires faits de sommaires et de symboles, où ils rassemblèrent les écrits des anciens et leurs propres souvenirs, et chacun les laissa à l'endroit même où il mourut, en conjurant les leurs – fils, filles ou épouses – de ne les donner à personne hors de la famille. Ce que les familles ont observé pendant très longtemps, en transmettant par succession la même consigne à leurs descendants.

[...]

36. Sur la succession de Pythagore et sa mort ; noms des hommes et des femmes qui ont reçu de lui l'enseignement de la philosophie.

(265) De l'avis unanime, le successeur de Pythagore fut Aristaios de Crotone, fils de Damophôn, qui a vécu à l'époque même de Pythagore, soit sept générations avant Platon ; et il ne fut pas seulement jugé digne de l'École, mais aussi de diriger l'éducation des enfants ainsi que d'épouser Théanô, parce qu'il avait acquis une maîtrise complète des dogmes de Pythagore. Quant à Pythagore lui-même, on dit qu'il dirigea l'École trente-neuf ans, ayant vécu au total près de cent ans, et qu'il transmit l'École à Aristaios, alors que celui-ci était déjà fort vieux. Après lui, elle eut comme chef Mnémarchos, fils de Pythagore ; celui-ci la transmit à Boulagoras : c'est de son temps que la ville de Crotone fut saccagée. Après lui vint comme successeur Gartydas de Crotone, après son retour de l'étranger, où il était parti avant la guerre ; en tout cas, il perdit la vie à cause du malheur de sa patrie. Il est le seul qui mourut de chagrin avant son heure ; **(266)** les autres, en effet, d'habitude quittent, pour ainsi dire, les liens du corps dans une vieillesse avancée. Plus tard, c'est Arésas de Lucanie, qui dirigea l'École, après avoir été sauvé grâce à certains étrangers. C'est lui que vint trouver Diodore d'Aspendos, qui fut accepté parce qu'on manquait de membres dans l'École. Retournant en Grèce, c'est lui qui transmit les paroles pythagoriciennes. Il écrit qu'il y avait comme Pythagoriciens confirmés : à Héraclée, Kleinias et Philolaos ; <à> Métaponte, Théôridês <et> Eurytos ; à Tarente, Archytas. Parmi les auditeurs externes, il y eut aussi Épicharme, mais il ne faisait pas partie de l'École de ces philosophes. Étant venu à Syracuse, il s'abstint de philosopher ouvertement à cause de la tyrannie de Hiéron, mais il mit en poésie les pensées de ces philosophes, transmettant ainsi secrètement, sous le déguisement de la plaisanterie, les opinions de Pythagore.

(267) Dans l'ensemble des Pythagoriciens, il est normal qu'un grand nombre soient restés inconnus et anonymes ; pour ce qui est de ceux qui se sont fait une réputation, voici leurs noms :

De Crotone : Hippostratos, Dymas, Aigôn, Haimôn, Syllos, Kléosthénês, Agélas, Épisylos, Phykiadas, Ekphantos, Timaios, Bouthos, Ératos, Itanaios, Rhodippos, Bryas, Euandros, Myllias, Antimédôn, Ageas, Léophrôn, Agylos, Onatas, Hipposthénês, Kléophrôn, Alkmaiôn, Damoklês, Milôn, Ménôn.

De Métaponte : Brontinos, Parmiskos, Orestadas, Leôn, Damarmenos, Aineas, Cheilas, Melêsias, Aristeas, Laphaôn, Euandros, Agêsidamos, Xénokadês, Euryphêmos, Aristomenês, Agêsarchos, Alkias, Xénophantês, Thraséas, Eurytos, Épiphrôn, Eiriskos, Mégistias, Léôkydes, Thrasymêdês, Euphêmos, Proklês, Antiménês, Lakritos, Damotagês, Pyrrhôn, Rhêxibios, Alôpékos, Astylos, Lakydas, Haniochos, Lakratês, Glykinos.

D'Agrigente : Empédocle.

D'Élée : Parménide.

De Tarente : Philolaos, Eurytos, Archytas, Théodôros, Aristippos, Lykôn, Hestiaios, Polémarchos, Astéas, Kainias, Kleôn, Eurymédôn, Arkéas, Kleinagoras, Archippos, Zôpyros, Euthynos, Dikaiarchos, Philônidês, Phrontidas, Lysis, Lysibios, Deinokratês, Échékratês, Paktiôn, Akousiladas, Ikkos, Peisikratês, Kléaratos, Léonteus, Phrynichos, Simichias, Aristokleidas, Kleinias, Habrotélês, Peisirrhodos, Bryas, Hélandros, Archémachos, Mimnomachos, Akmonidas, Dikâs, Karophantidas.

De Sybaris : Métôpos, Hippasos, Proxénos, Euanôr, Léanax, Ménestôr, Dioklês, Empédos, Timasios, Polémaios, Endios, Tyrsênos.

De Carthage : Miltiadês, Anthês, Hodios, Léôkritos.

De Paros : Aiêtios, Phainéklês, Dexithéos, Alkimachos, Deinarchos, Métôn, Timaios, Timêsianax, Eumoiros, Thymaridas.

De Locres : Gyttios, Xénôn, Philodamos, Euétês, Eudikos, Sthénônidas, Sôsistratos, Euthynous, Zaleukos, Timarês.

De Poséidonia : Athamas, Simos, Proxénos, Kranaos, Myês,

Bathylaos, Phaidôn.

De Lucanie : Okkélos et Okkilos (deux frères), Arésandros, Kérambos.

De Dardanos : Maliôn.

Argiens : Hippomédôn, Timosthénês, Euelthôn, Thrasydamos, Kritôn, Polyktôr.

De Laconie : Autocharidas, Kléanôr, Eurykratês.

Hyperboréen : Abaris.

De Rhégium : Aristeidês, Dêmosthénês, Aristokratês, Phytios, Hélikaôn, Mnêsiboulos, Hipparchidês, Euthosiôn, Euthyklês, Opsimos, Kalaïs, Sélinountios.

De Syracuse : Leptinês, Phintias, Damôn.

De Samos : Mélissos, Lakôn, Archippos, Hélôrippos, Hélôris, Hippôn.

De Caulonia : Kallimbrotos, Dikôn, Nastas, Drymôn, Xénéas.

De Phlionte : Dioklês, Échékratês, Polymnastos, Phantôn.

De Sicyone : Poliadês, Dêmôn, Stratios, Sôsthénês.

De Cyrène : Prôros, Mélanippos, Aristangelos, Théodôros.

De Cyzique : Pythodôros, Hipposthénês, Bouthêros, Xénophilos.

De Catane : Charondas, Lysiadês.

De Corinthe : Chrysippos.

D'Étrurie : Nausithoos.

D'Athènes : Néokritos.

Du Pont : Lyramnos.

Au total : deux cent dix-huit.

Femmes pythagoriciennes les plus remarquables :

Timycha, épouse de Myllias de Crotone ;

Philtys, fille de Théophris de Crotone ;

Byndakos, sœur d'Okkélos et d'Okkilos, tous deux de Lucanie ;

Cheilonis, fille de Cheilôn de Sparte ;

Kratésikleia, de Sparte, épouse de Kléanôr, de Sparte ;
Théanô, épouse de Brotinos, de Métaponte ;
Myia, épouse de Milôn de Crotone ;
Lasthénia, d'Arcadie ;
Habrotéleia, fille d'Habrotélês, de Tarente ;
Échékrateia de Phlionte ;
Tyrsénis de Sybaris ;
Peisirrhodê de Tarente ;
Théadousa de Sparte ;
Boiô d'Argos ;
Babélyka d'Argos ;
Kléaichma, sœur d'Autocharidas de Sparte.
Au total : dix-sept[43].

43. Il n'y a que seize noms. C'est un *locus desperatus* du texte de Jamblique. Il s'agit probablement d'une erreur et il faudrait lire : « Au total : *seize* ». Dans son édition [*De Vita pythagorica liber*, edidit L. Deubner (1937), editionem addendis corrigendis adiunctis curauit U. Klein, Stuttgart 1975], Deubner a proposé de corriger le texte en faisant un ajout qui pose plus de problèmes qu'il n'en résout. Il a tout de même le mérite de permettre de parvenir à une liste de dix-sept noms. Sa modification se situe au niveau des deuxième et troisième noms. Si l'on traduit le texte qu'il édite, on obtient la liste suivante : « Philtys, fille de Théophris de Crotone *et sœur de Byndakos* ; Okkelô et Ekkelô, *<sœurs d'Okkelos et d'Okkilos>*, tous deux de Lucanie », etc.

II

Une liste et une interprétation des *symboles* pythagoriciens : le chapitre 21 du *Protreptique* de Jamblique

21. […] Les membres les plus anciens de l'école, qui ont été contemporains de Pythagore et se sont attachés à lui, n'employaient pas l'expression ou l'interprétation communes, populaires, habituelles à tous les autres pour se rendre accessibles et intelligibles aux simples auditeurs et aux lecteurs pressés, en s'efforçant d'être faciles à suivre dans leur manière de parler ; ils observaient le silence dont Pythagore leur avait fait une loi quand ils touchaient à des mystères ou à des procédés interdits aux profanes, en cachant sous des symboles les entretiens et les écrits qu'ils échangeaient. Et à moins de trier les symboles eux-mêmes pour les élucider et les soumettre à une exégèse sérieuse, les lecteurs trouveraient ridicules et séniles ces propos pleins de bavardage et de radotage. Ainsi donc, afin que « les » dits s'éclairent et qu'apparaisse leur utilité protreptique, nous unirons l'exotérique et l'acroamatique pour donner la solution de chaque symbole, sans exempter de l'examen même ceux qui étaient secrets et qu'il était interdit de révéler aux non-initiés. Soient donc les symboles à expliquer comme suit :

1. Quand tu te rends à un sanctuaire pour adorer, ne dis entre temps ni ne fais rien de profane.
2. Ne regarde pas comme un accessoire du trajet le fait d'entrer dans un sanctuaire ou en général d'adorer, même si tu te trouvais à passer juste près des portes.
3. Déchausse-toi pour sacrifier et adorer.
4. Évite les grand-routes et prends par les sentiers.
5. Abstiens-toi de mélanure : elle appartient aux dieux chtoniens.
6. Retiens ta langue devant les autres, par obéissance aux dieux.
7. Quand les vents soufflent, adore leur murmure.
8. Ne tisonne pas le feu avec un couteau.

9. Rejette loin de toi toute acidité.
10. Si un homme charge un fardeau, aide-le à le soulever, mais non à le déposer s'il le décharge.
11. Pour te chausser, avance d'abord le pied droit ; pour te laver les pieds, le gauche.
12. Ne parle pas sans lumière des préceptes de Pythagore.
13. Ne passe pas par-dessus une balance.
14. Quand tu quittes ta maison pour un voyage, ne te retourne pas : les Érinyes te poursuivent.
15. N'urine pas tourné vers le soleil.
16. N'essuie pas un siège avec une torche.
17. Élève un coq mais ne le sacrifie pas : il est consacré à la lune et au soleil.
18. Ne t'assieds pas près d'une chénice.
19. N'élève pas de rapace.
20. Sur le chemin ne fends pas (de bois).
21. N'accueille pas d'hirondelle chez toi.
22. Ne porte pas d'anneau.
23. Ne grave pas d'effigie divine sur un anneau.
24. Ne te regarde pas à côté d'une lampe.
25. À propos de dieux et de dogmes divins ne mets en doute aucune merveille.
26. Ne cède pas à un rire irrésistible.
27. Ne te ronge pas les ongles près d'un sacrifice.
28. Ne donne pas facilement la main droite au premier venu.
29. Une fois sorti de tes couvertures, roule-les et efface ton empreinte.
30. Ne te ronge pas le cœur.
31. Ne mange pas de cervelle.
32. Crache sur tes rognures de cheveux ou d'ongles.
33. Ne prends pas de rouget.
34. Fais disparaître de la cendre les traces de la marmite.
35. Ne fréquente pas une femme riche pour en avoir des enfants.

36. Préfère la figure (géométrique) et sa base à la figure payée d'un triobole.
37. Abstiens-toi de fèves.
38. Plante de la mauve, mais n'en mange pas.
39. Abstiens-toi de ce qui a vie.

Tous ces symboles pris en bloc forment un protreptique à la vertu totale, chacun d'eux pris à part en est un à chaque vertu ; ils conviennent diversement aux diverses parties de la philosophie et de l'instruction ; ainsi, dès le début, les premiers exhortent à la piété et à la science divine.

(1) En effet, « quand on se rend à un sanctuaire pour adorer, ne rien dire ni faire de profane entre temps », c'est respecter le divin en ce qu'il est par lui-même, sans souillure, c'est habituer à unir le pur au pur et faire que rien d'humain ne soit introduit dans le culte divin, car tout l'humain lui est étranger et contraire. Le même symbole contribue grandement à la science ; car il ne faut rien apporter à la science divine qui ressemble à une pensée humaine ou se ressente d'un souci profane. Car tout ce qui est recommandé, c'est de ne pas mêler les paroles sacrées et les rites divins aux mœurs instables des hommes.

(2) À ce symbole s'accorde le suivant, qu' « il ne faut pas regarder comme accessoire du trajet le fait d'entrer dans un sanctuaire ou en général d'adorer, ne fît-on que passer juste près des portes » ; si, en effet, le semblable est l'ami et le familier du semblable, évidemment, comme les dieux ont dans l'univers une essence très apte au commandement, il faut leur rendre un culte prééminent ; mais s'en acquitter à une autre fin, ce serait réduire au second rang ce qui commande à tout et renverser tout l'ordre de toute la religion et de tout le savoir. Car encore il ne faut pas mettre les biens précieux plus bas que les avantages humains, ni ce qui est nôtre, tant actions que pensées, au rang de fin, tandis que l'on réduirait à un supplément ce qui est supérieur.

(3) La même exhortation se déduirait aussi du symbole suivant ; en effet, « déchausse-toi pour sacrifier et adorer » a un premier sens : c'est qu'il faut avec décence et modestie, sans transgresser l'ordre terrestre, honorer les dieux et apprendre à les connaître ; il signifie également qu'il faut être libéré de tout lien et de toute entrave pour adorer les dieux et les connaître. Et ce n'est pas au corps seulement que s'applique le précepte du symbole ; il s'adresse aussi aux activités de l'âme, afin qu'elles ne soient retenues ni par les passions ni par la faiblesse physique ni par le devenir qui s'est ajouté à nous de l'extérieur, mais soient entièrement libres et dégagées pour partager la compagnie des dieux.

(25) Voici encore un symbole pareil à ceux-là et qui exhorte à la même vertu : « À propos de dieux et de dogmes ne mets en doute aucune merveille ». Car ce dogme est grandement révérentiel et exprime l'éminence des dieux : il nous sert de viatique et nous rappelle qu'il ne faut pas juger de la puissance divine par comparaison avec nous, qui sommes corporels, mortels, périssables, éphémères, soumis à des maladies de toute sorte, à la médiocrité physique, à l'accablement du mouvement qui va vers le centre, à la somnolence, à la déficience, à l'excès, à l'irrésolution, à la faiblesse, à la paralysie morale, et à qui il est donc normal que certaines choses soient interdites et impossibles. Ce n'est pas que nous ne tenions de la nature bien des privilèges, mais néanmoins nous sommes de toute façon inférieurs aux dieux, et n'avons ni le même pouvoir ni une valeur égale à la leur. Voilà donc qui suscite singulièrement une connaissance au sujet des dieux, à savoir qu'ils sont tout-puissants. C'est pour cela qu'on nous prescrit de ne douter de rien à propos des dieux. Il est ajouté : « ni à propos des dogmes divins », des principes de la philosophie pythagoricienne : fondés sur les mathématiques et sur une réflexion scientifique, ils sont seuls vrais et exempts d'erreur, parce qu'ils s'appuient sur la contrainte d'une démonstration multiforme. Ces preuves peuvent exhorter aussi à la science des dieux ; elles nous invitent à en acquérir une science telle qu'elle ne nous laisse mettre en doute aucun des dogmes qui concernent les dieux ou les choses divines. Ledit texte peut exhorter aussi à passer par les mathématiques, car seules elles donnent la vue et procurent la lumière sur tous les êtres à qui veut les examiner et les contempler. Le contact des mathématiques, en effet, produit, avant tout autre résultat, celui de ne douter ni de la nature des dieux ni de leur essence ni de leur pouvoir ni des dogmes pythagoriciens qui semblent relever du prodige aux profanes non initiés aux sciences ; en somme, le « ne doute pas » équivaut à un « recherche, acquiers ce qui t'empêchera de douter », c'est-à-dire les mathématiques et les démonstrations scientifiques.

(4) Je pense que le symbole suivant tend au même but : « Évite les grand-routes et prends par les sentiers ». Lui aussi, en effet, il invite à quitter la vie vulgaire des hommes, il veut qu'on suive celle qui est séparée et divine ; d'après lui, on doit mépriser les opinions communes mais faire grand cas des opinions particulières et secrètes, dédaigner la joie qui porte vers les hommes mais faire grand cas du succès qui dépend du vouloir divin, répudier comme vulgaires les coutumes humaines pour les échanger contre le culte divin, tellement supérieur à la vie vulgaire.

(5) Apparenté encore à ce symbole est celui qui vient ensuite : « Abstiens-toi de mélanure[44] : elle appartient aux dieux chthoniens ». Nous en dirons davantage dans le *Traité des symboles* ; mais pour nous en tenir à ce que demande l'exhortation, il recommande de s'attacher au voyage céleste, de s'unir aux

44. Poisson parfois appelé « blade ».

dieux intellectuels, de rompre avec la nature matérielle pour nous tourner vers la vie immatérielle et pure, de pratiquer le culte le meilleur et le plus convenable aux dieux suprêmes.

Ainsi donc, ces symboles excitent à la connaissance et à la vénération des dieux ; c'est à la sagesse que tendent les suivants.

(6) « Retiens ta langue devant les autres par obéissance aux dieux ». Car la première tâche de la sagesse est de tourner sa parole vers soi-même et de l'habituer à ne pas se répandre, à s'achever en elle-même dans la conversion vers soi et après cela dans l'obéissance aux dieux ; car rien n'achève l'intellect comme de se tourner vers soi-même pour suivre les dieux.

(7) « Quand les vents soufflent, adore leur murmure » est encore un signe de la sagesse divine : le sens caché est qu'il faut aimer notre ressemblance avec les essences, et quand elles sont en acte, honorer et révérer de tout notre zèle la parole conforme à leurs actes.

(8) « Ne tisonne pas le feu avec un couteau » est un appel à l'intelligence ; il éveille en nous la pensée convenable qu'à un homme plein de feu et de colère il ne faut pas opposer parole acérée ni contestation. Car souvent ta parole agitera l'ignorant, tu le troubleras et éprouveras de terribles désagréments. Témoin de ces dires est Héraclite : « Lutter contre la colère, dit-il, est difficile, car ce qu'elle désire voir arriver, elle l'achète à prix d'âme »[45]. En quoi il a dit vrai ; beaucoup, cédant à leur colère, ont engagé leur âme en échange et fait meilleur accueil à la mort ; alors que si l'on domine sa langue et garde son calme, de la querelle naît l'amitié, par l'extinction du feu de la colère, et toi-même tu n'auras pas l'air d'un insensé.

(9) Dans le même sens témoigne le symbole suivant : « Rejette loin de toi l'acidité » ; car celui contre qui elle se sera trouvée

45. Fr. DK 22 B 85.

dirigée, celui-là sera coupable. Ici encore il invite à user de la raison et non de la colère. Car l'acidité de l'âme, que nous appelons colère, manque de réflexion et de raison : la colère bout comme un chaudron chauffé au feu, sans rien laisser pour la suite au bon sens. Il faut donc établir l'âme dans le calme en la détournant de la colère, en se reprenant souvent : comme on arrête en le touchant un gong qui résonne, il faut arrêter cette passion en la raisonnant.

(10) « Aide à soulever un fardeau mais non à le déposer » exhorte au courage. Quiconque, en effet, soulève un fardeau donne un exemple d'endurance et d'énergie ; quiconque le dépose, de repos et de détente ; en sorte que ce symbole admet l'explication que voici : « Ne deviens ni pour toi ni pour autrui occasion d'indolence ou de mollesse ; car tout se laisse prendre par la peine. Et les Pythagoriciens proclamaient que c'était là pour eux le symbole d'Héraclès, en faisant de ses travaux le sceau de leurs désirs. Quand en effet il vivait parmi les hommes, souvent, revenant du feu et de toutes les épreuves les plus terribles, il récusait toute hésitation ; car c'est de l'action et du travail que naît le succès, non des tergiversations.

(11) « Pour te déchausser, tends le pied droit ; pour te laver les pieds, le gauche » invite à la sagesse pratique en recommandant de revêtir les actions vertueuses comme droites, de déposer les mauvaises comme gauches et de s'en laver.

(12) Mais surtout « ne parle pas sans lumière des préceptes de Pythagore » est une invitation à l'intellect selon la sagesse. Il ressemble, en effet, à la lumière de l'âme, et elle qui est indéterminée il la détermine, et il la tourne comme des ténèbres vers la lumière. Ainsi, dans toutes les belles circonstances de la vie il convient de leur préposer l'intellect comme guide, surtout à propos des dogmes de Pythagore ; ceux-ci, en effet, sans lumière ne se peuvent connaître.

(13) « Ne pas passer par-dessus le joug » recommande d'agir selon la justice, de préférer extraordinairement l'égalité et la mesure, de reconnaître dans la justice la vertu la plus achevée, dont les autres sont le complément et sans laquelle elles ne sont d'aucune utilité ; et il ne faut pas la connaître accessoirement, mais par des théorèmes et une démonstration scientifique. Or cette connaissance ne relève d'aucune autre technique ou science que la seule philosophie de Pythagore, qui préfère à tout le reste les mathématiques.

(14) Même intention dans « quand tu quittes ta maison pour un voyage, ne te retourne pas : les Érinyes te poursuivent ». En effet, c'est là une exhortation à la philosophie et à l'autonomie intellectuelle. Le symbole montre et proclame clairement ceci : si tu as l'intention de philosopher, sépare-toi de tout le corporel, de tout le sensible ; exerce-toi réellement à la mort, en allant, sans te retourner, par les mathématiques appropriées, à l'intelligible, à l'immatériel, aux réalités toujours identiques et immuables. Car le voyage est un changement de lieu ; mais la mort est la séparation de l'âme et du corps, et c'est ce qu'on fait en philosophant, et en usant, indépendamment des sens et des activités corporelles, de la pureté de l'intellect pour saisir la vérité des êtres, dont on a reconnu qu'elle était la sagesse. Quand tu as l'intention de philosopher, ne te retourne pas, ne te laisse pas attirer vers le corporel qui auparavant partageait ta vie et croissait avec toi ; car tu t'en repentiras grandement ensuite quand l'accès des saines conceptions te sera empêché par le brouillard qui accompagne le corporel. Et ce repentir, il l'a nommé Érinye.

(15) « N'urine pas tourné vers le soleil » revient à cette exhortation : ne projette rien d'animal, occupe-toi de philosopher à la vue du ciel et du soleil ; que la lumière de la vérité soit ton guide ; souviens-toi de n'avoir jamais en philosophie de pensées basses, mais monte vers les dieux et la sagesse par la contemplation des phénomènes célestes ; propose-toi la philosophie, purifie-toi par la lumière de la vérité qui est en elle, tourne-toi vers ces pratiques, vers la théologie, la physiologie, l'astronomie, l'étude des causes qui président à tous ces phénomènes, pour ne plus rien faire d'animal ni de bestial.

(16) Même invitation dans « n'essuie pas un siège avec une torche ». Ce n'est pas seulement parce que la torche est « purificatrice », elle qui prend feu très vite et complètement comme ce qu'on appelle « soufre », qu'il conseille de ne pas la souiller alors que par nature elle peut expulser les souillures, et de ne pas contrarier sa capacité naturelle en contaminant ce qui en elle s'oppose aux contaminations ; ce qu'il demande plutôt, c'est de ne pas mêler ni associer les propriétés de la sagesse et celles de l'animalité ; car il a comparé pour son éclat la torche à la philosophie, et le siège, pour sa position sur le sol, à l'animalité.

(17) « Élève un coq mais ne le sacrifie pas : il est consacré à la lune et au soleil » nous conseille de soutenir, de vivifier, de ne pas laisser se perdre ou disparaître les grands signes de l'unité, de la réciprocité, de la sympathie, de la conspiration cosmique. Aussi nous exhorte-t-il à saisir la contemplation de l'univers et la philosophie. Car, du fait qu'elle est naturellement cachée, la vérité sur l'univers est assez difficile à prendre ; l'homme doit pourtant la chercher et la suivre à la trace, surtout au moyen de la philosophie. Par toute autre méthode, en effet, c'est impossible comme cela ; mais la philosophie prend à la nature de petites étincelles, elle en fait comme provision, les allume, les accroît et les rend plus efficaces par les mathématiques qu'elle fournit. Il faudrait « donc » philosopher.

(18) « Ne t'assieds pas près d'une chénice » pourrait être interprété en un sens plus pythagoricien à partir des mêmes principes que ceux qu'on employait plus haut. Puisque, en effet, la nourriture se mesure à la corporalité, à l'animalité, et non à une chénice, ne demeure pas oisif, ne reste pas sans initiation à la philosophie ; mais en te donnant à elle, aie plutôt souci de ce qu'il y a en toi de plus divin, c'est-à-dire l'âme, et beaucoup plus encore de l'intellect qui est en elle ; leur nourriture ne se mesure pas à la chénice mais à la réflexion et à l'étude.

(19) « N'élève pas de rapace » est, en termes plus pythagoriciens, ce conseil : sois prêt à communiquer, à partager, prépare les autres à ces dispositions en les habituant à donner et recevoir sans fraude ni jalousie, au lieu de prendre insatiablement sans rien donner. Car la constitution organique des rapaces est faite pour prendre très vite et sans peine mais ne rien lâcher ou transmettre de ce qu'ils retiennent de leurs serres crochues, de même que les crocs de cuisine sont faits pour attraper très vite, lâcher difficilement, à moins qu'on ne les incline en les retournant. Puis donc que la nature nous a adapté les mains pour les employer à donner et recevoir selon la règle de la communication, et que les doigts y ont poussé droits et non pas crochus, il ne faut pas imiter en cela les rapaces que le créateur a façonnés autrement, mais plutôt communiquer et partager les uns avec les autres ; les auteurs mêmes des noms nous y exhortent, eux qui ont nommé la main droite plus honorable(ment) non seulement parce qu'elle reçoit mais parce qu'on la saisit lors d'une transmission. Il faut donc pratiquer la justice et pour cela

philosopher ; car la justice est un échange, un don réciproque, qui fait s'équilibrer l'excès et le défaut par égalisation.

(20) « En chemin, ne fends pas (de bois) » montre qu'un est le vrai, complexe le faux ; et c'est ce qui ressort du fait que le premier est dit « chacun » d'une seule manière si on le dit correctement, l'autre « non chacun » de façons infinies. Or la philosophie ressemble à un chemin. Il veut donc dire : « Choisis cette philosophie, ce chemin de sagesse où tu ne fendras pas (de bois), où tu n'émettras pas d'opinions contradictoires, mais celles qui tiennent bon et sont fortifiées dans leur identité par une démonstration scientifique, au moyen des mathématiques et de la contemplation » ; c'est-à-dire : philosophe à la manière de

Pythagore. Il peut aussi, – la philosophie qui passe par le corporel et le sensible, dont les modernes usent à satiété en regardant comme des corps Dieu, les qualités, l'âme, les vertus, en somme toutes les causes principales de la réalité, celle-là est glissante et facile à renverser, comme le montrent les argumentations très variées de ceux qui s'imaginent parler sérieusement à son sujet ; mais celle qui procède au moyen des réalités incorporelles, intelligibles, immatérielles et éternelles, toujours identiques et immuables et qui jamais de leur fait n'admettent corruption ou changement, cette philosophie-là est à l'image des sujets dont elle traite, infaillible et stable artisane de démonstrations solides et fermes – il nous donne donc ce conseil, quand nous philosopherons et suivrons le chemin indiqué, de fuir l'invasion et l'envahissement du corporel et du complexe pour nous familiariser avec l'essence des incorporels, qui ne risquent pas de jamais différer d'eux-mêmes, grâce à la vérité et à l'infaillibilité inhérentes à leur nature.

(21) « N'accueille pas d'hirondelle chez toi » revient à ce conseil : n'admets pas à tes leçons un sectateur, un adepte nonchalant, inconstant dans l'effort, instable, car elles demandent une attention et une endurance soutenues et intenses en raison du changement et de la complexité des sciences variées qu'elles impliquent. S'il a employé l'hirondelle pour figurer nonchalance et versatilité, c'est qu'elle vit avec nous une partie seulement de l'année, qu'elle est comme notre hôte pour une courte période, mais le plus souvent reste au loin, hors de nos regards.

(22) « Ne porte pas d'anneau », voilà ce qu'en accord avec la doctrine pythagoricienne nous ramenons ainsi à une exhortation : comme l'anneau enserre à la manière d'un lien ceux qui le portent, avec cette particularité qu'il n'étrangle pas, ne fait pas mal mais paraît s'adapter et s'accorder « à nous », et que le corps est pour l'âme un lien de ce genre, « ne porte pas d'anneau » signifie : sois un vrai philosophe et sépare l'âme du lien qui l'enserre ; car la philosophie est exercice de la mort et séparation de l'âme et du corps. Pratique donc avec un grand zèle celle de Pythagore, qui par l'intellect s'éloigne de tout le corporel et s'applique par les mathématiques théorétiques à l'intelligible et à l'immatériel ; mais encore détache de toi les fautes, les obstacles et entraves que la chair accumule pour empêcher de philosopher, un régime pléthorique, des excès intempestifs, qui comme un lien s'emparent du corps et provoquent des traitements et des tracas incessants.

(23) « Ne grave pas d'effigie divine sur un anneau », selon l'idée déjà exprimée, revient à l'exhortation que voici : philosophe avant tout et mets-toi dans l'esprit que les dieux sont incorporels ; car là est la racine primordiale du dogme pythagoricien, d'où dépend à peu près tout le reste et qui le renforce jusqu'au terme ; ne crois pas qu'ils recourent à quelque forme corporelle, ni qu'ils soient enchaînés à une substance matérielle, et, comme par un lien, à un corps matériel, comme les autres vivants. Or les intailles des anneaux manifestent, par la forme même de l'anneau, ce lien, la corporéité, l'espèce sensible et celle de l'animal particulier que représente l'intaille ; toutes choses dont il faut absolument séparer le genre divin comme éternel, intelligible, toujours identique et immuable, comme l'expose dans le dernier détail le traité *Sur le dieu*[46].

(24) « Ne te regarde pas près d'une lampe » est ce conseil bien pythagoricien : philosophe sans courir après les imaginations sensibles, qui font bien aux concepts une certaine lumière, celle d'une lampe, il est vrai, ni naturelle ni réelle ; va plutôt aux représentations scientifiques de l'intellect, qui communiquent à l'œil de l'âme une clarté éclatante et infaillible, *** elle vient de toutes les intellections, des intelligibles et de leur contemplation, non du corporel ou du sensible ; de ceux-ci on a souvent montré le flux perpétuel qui leur enlève toute stabilité, toute identité et

46. Ou *Sur les dieux* (?), il s'agit d'un traité perdu.

les empêche de soutenir comme les réalités précédentes une conception et une connaissance sûres et scientifiques.

(25) « À propos des dieux et des dogmes divins ne mets en doute aucune merveille » exhorte à rechercher et acquérir les sciences qui ne te laisseront plus douter des dieux et des dogmes divins, grâce aux mathématiques et aux démonstrations scientifiques.

(26) « Ne pas céder à un rire irrésistible » enseigne à dominer les passions par un raisonnement philosophique et à contenir ce qu'il y a de changeant et d'instable dans les passions humaines ; remets-toi en mémoire le discours droit, ne te laisse donc pas exalter par le succès, abattre par l'échec, sans prendre en compte, en aucun de ces cas, l'idée de changement. Et il a mentionné le rire pour représenter toutes les passions, car il est seul à se manifester le plus visiblement, comme une excroissance et un bourgeonnement de l'organisme jusqu'au visage ; et peut-être, puisque le rire est propre à l'homme entre tous les vivants (du moins certains le définissent un animal capable de rire), le précepte signifie-t-il : ne persiste pas obstinément et immuablement à rester homme, mais parviens en philosophant à imiter Dieu de tout ton pouvoir, en renonçant à cette caractéristique de l'humanité, en mettant le raisonnement au-dessus du rire s'il s'agit de te distinguer et de différer des autres vivants.

(27) « Ne te rogne pas les ongles près d'un sacrifice » est protreptique en matière d'amitié ; car parmi nos familliers et nos proches, les plus près de nous par le sang sont les frères, les enfants, les parents, qui sont comme des parties de nous-mêmes dont l'ablation produit une douleur et une mutilation peu ordinaires, comme ferait celle des doigts, des mains, des oreilles, du nez et du reste ; ceux qui nous sont lointainement apparentés, comme nos neveux au second degré, les petits-gendres de nos oncles ou des alliés de ce genre ressemblent aux parties du corps qui se coupent sans douleur aucune : tels les cheveux, les ongles et le reste. Ainsi donc, voulant désigner ces parents que la distance fait négliger en temps normal, il (Pythagore) a recouru aux ongles et dit : n'abandonne pas complètement ceux-là, mais dans les sacrifices au moins, même si le reste du temps ils ont été oubliés, rapproche-toi d'eux et renouvelle ces liens.

(28) « Ne donne pas facilement la main droite au premier venu » signifie : Ne tends pas facilement la main droite, c'est-à-dire ne tire pas, n'essaie pas de faire remonter en leur tendant la main droite les profanes sans initiation, encore moins par des instructions et des leçons qui se donnent difficilement, après de longues probations, à qui mérite de partager la continence, le silence de cinq ans et les autres épreuves.

(29) « Une fois sorti de tes couvertures, roule-les et efface ton empreinte » comporte ce précepte : si tu te proposes de philosopher, familiarise-toi dès lors avec l'intelligible et l'incorporel. Ainsi donc, quand tu sors, au lever, de l'inconscience du sommeil et des ténèbres nocturnes, n'entraîne avec toi rien de corporel au grand jour de la philosophie, mais purifie ta mémoire, en les faisant disparaître, de toutes les traces de ce sommeil antérieur.

(30) « Ne te ronge pas le cœur » signifie qu'il ne faut pas déchirer l'unité et la conspiration du Tout, ou mieux encore : ne sois pas malveillant, mais humain et partageur. C'est à partir de là qu'il invite à philosopher ; car seule des sciences et des arts la philosophie ne se chagrine pas du bonheur d'autrui ni ne prend plaisir au malheur du voisin, parce qu'elle démontre que tous les hommes sans exception sont parents et proches, soumis aux mêmes affections et à une commune fortune, incapables de prévoir l'avenir ; aussi ordonne-t-il d'avoir sympathie et amitié les uns pour les autres, en vivants partageurs et raisonnables.

(31) Pareil au précédent est ce symbole : « Ne mange pas de cervelle » ; car c'est l'organe qui commande la pensée. Voici donc le sens caché : quand on a bien délibéré d'une affaire ou d'une opinion, il ne faut pas les railler ou s'en moquer ; or ce dont on a bien délibéré, c'est ce qu'ont examiné les méninges et le principe directeur de l'intelligence, autrement dit il s'agit d'un objet de science. Ce n'est pas en effet par les organes de la partie irrationnelle de l'âme, le cœur et le foie, mais par la pureté de l'élément rationnel qu'un tel objet est contemplé ; aussi est-ce déraison que de le heurter. Ce que le symbole ordonne plutôt, c'est de révérer la source de l'intelligence et l'organe le plus proche de la pensée, auquel nous devons contemplation, science, sagesse en somme, et de philosopher réellement, sans brouiller ni effacer les traces qu'il indique.

(32) « Crache sur tes rognures de cheveux ou d'ongles » veut dire : méprisable est ce qui t'est connaturel et d'une certaine manière sans âme, comme plus honorable ce qui a une âme ; de même, quand tu auras décidé de philosopher préfère ce que l'âme et l'intellect démontrent sans participation des sens par la science théorétique ; méprise au contraire, en crachant sur elles, les opinions conçues, sans lumière intellectuelle, par le seul intermédiaire des sens connaturels, qui ne peuvent plus accompagner l'éternité de l'intellect.

(33) « Ne prends pas de rouget » semble être devenu symbole d'après la simple étymologie du mot. N'accueille pas, en effet, un impudent qui a désappris de rougir, mais non plus, à l'opposé, le timide qui rougit à l'excès en toute occasion et se ravale par la faute de son intellect et de sa faible pensée. Le sens du symbole est donc : ne sois pas toi-même comme eux.

(34) « Fais disparaître de la cendre la trace de la marmite » signifie : qui se propose de philosopher doit oublier la confusion et l'épaisseur inhérentes aux démonstrations tirées du corporel et du sensible, et user plutôt de démonstrations fondées sur l'intelligible. Quant à la cendre, elle remplace la poussière dont on saupoudre les planchettes sur lesquelles on mène les démonstrations (géométriques).

(35) « Ne fréquente pas une femme riche pour en avoir des enfants » ne vise pas une femme mais une secte ou une philosophie où le corporel tient une grande place et porte à la pesanteur. Car de tout ce qu'il y a sur la terre le plus lourd est l'or et il se porte vers le milieu, ce qui est le propre d'une pesanteur corporelle. Et « fréquenter » n'est pas seulement « s'unir » mais aussi « s'approcher » et « se tenir à proximité ».

(36) « Préfère la figure (géométrique) et sa base à la figure payée d'un triobole » est le précepte que voici : sois un philosophe, applique-toi à fond aux mathématiques, et par elles, comme par une échelle, marche vers ton but ; conspue ce que la foule préfère et estime, et préfère la philosophie d'Italie, qui contemple les incorporels en soi à celle de l'Ionie, qui considère principalement les corps.

(37) « Abstiens-toi de fèves » conseille d'éviter tout ce qui compromet le commerce des dieux et la mantique divine.

(38) « Transplante de la mauve, mais n'en mange pas » a un sens caché : ces plantes tournent avec le Soleil et il veut qu'on observe ces phénomènes ; mais il ajoute : « transplante », c'est-à-dire examine la nature de la plante, cette tension vers le soleil et cette sympathie avec lui, mais ne t'en contente pas et ne t'y arrête pas : transporte ta pensée comme si tu la transplantais, aux plantes et légumes homogènes, puis aux vivants qui ne le sont pas, aux pierres, aux fleuves, bref à toutes les espèces, tu y trouveras une indication féconde, multiforme, merveilleusement riche de l'unité et de la conspiration du monde, en partant de la mauve comme d'une racine et d'un tremplin. Qu'il ne te suffise donc pas de ne pas en manger, de ne pas faire disparaître de telles observations, mais fais-les croître et fructifier comme qui transplante.

(39) « Abstiens-toi de ce qui a vie » exhorte à être juste, à honorer tout ce qui est de notre espèce, à accueillir la vie pareille à la nôtre et à bien d'autres devoirs semblables.

[...]

III

La *Vie de Pythagore* de Porphyre

Choix de textes

[*Formation de Pythagore*]

6. […] À propos de sa formation : *pour la plupart*, c'est des Égyptiens, des Chaldéens et des Phéniciens qu'il apprit les sciences appelées mathématiques ; car de toute antiquité la géométrie avait intéressé les Égyptiens ; la science des nombres et des calculs, les Phéniciens ; l'étude du ciel, les Chaldéens ; quant au rituel des dieux et au reste des préceptes sur la conduite quotidienne, c'est des Mages, dit-on, qu'il les entendit et les reçut.

[…]

10. Comme Antoine Diogène, dans ses *Merveilles incroyables d'au-delà de Thulé*, a exactement raconté les faits et gestes du philosophe, j'ai résolu de ne pas négliger son récit. Voici ce qu'il dit. **[…] 11. […]** [Pythagore fut envoyé], jeune homme, à Milet chez Anaximandre pour apprendre la géométrie et l'astronomie. Pythagore, continue Diogène, alla aussi chez les Égyptiens, les Arabes, les Chaldéens, les Hébreux, qui lui communiquèrent la connaissance des songes ; et il pratiqua le premier la divination par l'encens. En Égypte, il fréquenta les prêtres, apprit leur sagesse, la langue égyptienne, **12.** leurs trois sortes d'écriture : épistolographique, hiéroglyphique, symbolique, qui sont ou prises au sens propre par imitation (de la forme des objets) ou bien allégoriques selon certaines énigmes ; et sur les dieux il s'instruisit davantage. En Arabie, il fréquenta le roi ; à Babylone, il rencontra les Chaldéens et en particulier alla trouver Zoroastre, qui le purifia des souillures de sa vie antérieure et lui enseigna de quoi les gens de bien doivent s'abstenir pour rester purs ; il entendit aussi la théorie de la nature et quels sont les principes de l'univers. Car c'est dans ses voyages chez ces peuples que Pythagore emmagasina le meilleur de sa sagesse.

[…]

[*Le secret*]

19. [...][47] Quant à ce qu'il disait à ses intimes, nul ne peut le formuler avec certitude ; et en effet il régnait parmi eux un silence exceptionnel. Toutefois les points le plus généralement admis sont les suivants : d'abord que l'âme est immortelle ; ensuite, qu'elle passe dans d'autres espèces animales ; en outre, qu'à des périodes déterminées ce qui a été renaît, que rien n'est absolument nouveau, qu'il faut reconnaître la même espèce à tous les êtres qui reçoivent vie. Car ce sont là, d'après la tradition, les dogmes que Pythagore le premier introduisit en Grèce.

[...]

[*Ses vies antérieures*]

26. À beaucoup de ceux qui l'abordaient il rappelait la vie antérieure que leur âme avait jadis vécue avant d'être enchaînée à leur corps actuel. Et lui-même, par des preuves irrécusables, démontrait qu'il réincarnait Euphorbe fils de Panthoos, et, parmi les vers d'Homère, il chantait ceux-ci, de préférence en s'accompagnant mélodieusement à la lyre : « Le sang trempe ses cheveux tout pareils à ceux des Grâces, ses boucles, qu'enserrent et l'or et l'argent. On voit parfois un homme nourrir un plant d'olivier magnifique, dans un lieu solitaire, un beau plant plein de sève, arrosé d'une eau abondante, vibrant à tous les vents, qu'ils soufflent d'ici ou de là, et tout couvert de blanches fleurs. Mais un vent vient soudain en puissante rafale, qui l'arrache à la terre où plonge sa racine et l'étend sur le sol. Tel apparaît le fils de Panthoos, Euphorbe à la bonne lance, que Ménélas l'Atride vient de tuer et qu'il dépouille de ses armes »[48].

[...]

47. La source de Porphyre pour cette section est Dicéarque.
48. *Iliade* XVII, vv. 51-60.

[*Son enseignement*]

30. Il charmait par des rythmes, des chants, des incantations les souffrances de l'âme et celles du corps. Cela convenait à ses adeptes ; mais pour son compte il écoutait l'harmonie de l'univers, sensible qu'il était à l'harmonie universelle des sphères et des astres qui s'y meuvent, que la médiocrité de notre nature nous empêche d'entendre. C'est ce dont témoigne Empédocle quand il dit de lui : « Et il y avait parmi eux un homme d'un rare savoir, maître plus que personne en toutes sortes d'œuvres sages, qui avait acquis un immense trésor de connaissances. Car lorsqu'il tendait toutes les forces de son esprit, sans peine il voyait toutes choses en détail, pour dix, pour vingt générations humaines ».

31. Ces expressions, « rare », il « voyait toutes choses en détail », « trésor de connaissances » et autres semblables manifestent avant tout l'organisation exceptionnelle de Pythagore, plus rigoureuse que toute autre, pour ce qui était de voir, d'entendre, de penser. En tout cas, de la voix des sept planètes, de celle <de la sphère> des fixes et, en outre, de celle de la <sphère> au-dessus de nous que l'on appelle « antiterre », il faisait les neuf Muses. Quant au mélange, à la symphonie, comme qui dirait au lien de toutes (les Muses), dont chacune, comme d'un éternel inengendré, est partie et émanation, il l'appelait Mnémosyné.

32. Décrivant sa vie de tous les jours, Diogène dit qu'il recommandait à tous de fuir l'ambition et la recherche de la gloire, qui suscitent le plus l'envie, et d'éviter la fréquentation de la foule. Ses entretiens commençaient dès l'aube, au seuil de sa maison ; il parlait en s'accompagnant de la lyre et chantait de vieux péans de Thalétas. Il chantait encore d'Homère et d'Hésiode tout ce qu'il jugeait capable d'adoucir l'âme. Il exécutait aussi les danses qu'il estimait procurer au corps souplesse et santé. Quant à ses promenades, il ne les faisait pas avec une cour propre à susciter l'envie mais à deux ou trois dans les sanctuaires ou les bois sacrés, en choisissant les endroits les plus tranquilles et les plus beaux. **33.** Il aimait extrêmement ses amis, lui qui le premier avait déclaré qu'entre amis tout est commun et que l'ami est un autre soi-même. Étaient-ils en santé, il ne cessait de vivre avec eux ; infirmes de corps, il les soignait ; malades de l'âme, il les revigorait, comme nous le disions, soit par des incantations magiques, soit par de la musique. Il avait aussi, même pour les maladies corporelles, des airs guérisseurs par lesquels son chant remettait sur pied les malades. D'autres faisaient oublier la peine, calmaient les colères, chassaient les désirs désordonnés.

34. Son régime maintenant. Au déjeuner, des rayons de cire ou du miel ; au dîner, du pain de mil, de la galette, des légumes bouillis ou crus, rarement de la viande de victimes sacrificielles, et encore non pas de toutes les parties. Le plus souvent, quand il devait pénétrer dans un sanctuaire des dieux et passer là un certain temps, il usait de nourritures qui arrêtent la faim et la soif ; contre la faim, il faisait un mélange de graine de pavot, de sésame, d'écorce de scille lavée avec soin jusqu'à ce qu'elle eût perdu son suc, de tiges d'asphodèle, de feuilles de mauve, de farine, d'orge, de pois chiches, tous ingrédients qu'il coupait en proportions égales et arrosait de miel de l'Hymette ; contre la soif, il mêlait graine de concombre, raisin gluant dont il avait enlevé les pépins, fleur de coriandre, mauve – la graine également –, pourpier, fromage râpé, fleur de farine de blé, crème de lait, le tout mélangé avec du miel des îles. **35.** Ces recettes, disait-il, Héraclès les avait apprises de Déméter quand il se dirigeait vers le désert de Libye. Aussi son corps gardait-il le même état, comme au cordeau, sans être tantôt sain tantôt malade, sans non plus tantôt engraisser et augmenter, tantôt s'amincir et maigrir ; et son âme montrait toujours par son regard le même caractère. On ne le voyait pas, en effet, s'épanouir davantage par l'effet du plaisir ni se fermer par chagrin ; il n'apparaissait pas en proie à la joie ou à la douleur, et jamais personne ne le prit à rire ou à pleurer.

36. En sacrifiant, il ne s'attirait pas la haine des dieux, car il se les rendait propices par de la farine, des gâteaux, de l'encens, du vin doux, mais jamais par ce qui avait eu vie, sauf, à l'occasion, des poules et des cochons de lait. S'il sacrifia un bœuf, ce fut un bœuf de pâte, au dire des auteurs plus exacts, quand il eut découvert que le carré de l'hypoténuse du triangle rectangle était égal à la somme de ceux des côtés. Tous les propos qu'il tenait à ses disciples étaient des exhortations ou discursives ou symboliques. **37.** Car double était la forme de son enseignement. Parmi ses disciples, les uns étaient appelés mathématiciens, les autres acousmatiques. Les mathématiciens avaient appris à fond le discours scientifique supérieur, travaillé dans le moindre détail ; les acousmatiques n'avaient entendu que sommairement les préceptes tirés des écrits, sans exposé plus précis. **38.** Ce qu'il recommandait, c'était de parler religieusement de l'espèce divine, des démons, des héros et d'avoir sur eux des idées justes, d'être bien disposés envers parents et bienfaiteurs ; d'obéir aux lois ; d'adorer les dieux, non par-dessus le marché mais en quittant sa maison pour cela ; de sacrifier aux dieux du ciel en nombre impair, aux chtoniens en nombre pair. Car parmi les puissances opposées il appelait la meilleure « monade », lumière, droit, égal, stable, direct ; la moins bonne « dyade », obscurité, gauche, inégal, circulaire, mouvant.

39. Voici ses recommandations. Ne pas supprimer ni abîmer un végétal comestible et porteur de fruits, non plus qu'un animal qui n'a pas dans sa nature de nuire à l'espèce humaine. S'agissant d'un dépôt non seulement d'argent mais encore de paroles, le garder fidèlement au dépositaire. Reconnaître trois genres distincts de choses dignes de recherche, qu'il faut poursuivre et pratiquer : d'abord ce qui est noble et beau, ensuite ce qui est utile à la vie, en troisième et dernier lieu l'agréable. Seulement il n'admettait pas le plaisir vulgaire et ensorceleur, mais celui qui est sûr, décent, et ne prête pas à calomnie. Car il y a deux sortes de plaisirs : ceux qui flattent le ventre et les sens dans le luxe et <qu'>il comparait aux chants homicides des Sirènes ; ceux qui sont attachés aux choses belles, justes <ou> nécessaires à la vie, qui sont à la fois immédiatement agréables et sans remords par la suite, et qui ressemblaient, d'après lui, à une harmonie musicale. **40.** Mais il y avait surtout deux moments qu'il exhortait à bien considérer : celui qui précède le sommeil et celui du lever après le sommeil. Lors de chacun des deux, il fallait examiner les actes ou déjà accomplis ou futurs, pour se rendre compte à soi-même des actions passées et prévoir l'avenir. Avant le sommeil, chacun devait se chanter ces vers :

« N'accueille pas le sommeil sur tes tendres yeux avant d'être revenu trois fois sur les actions du jour : en quoi ai-je failli ? Qu'ai-je fait ? Qu'ai-je omis de mon devoir ? »

Et avant de se lever, ceux-ci :

« Tout d'abord, quand tu te lèves au sortir du doux sommeil, examine bien ce que tu feras dans la journée ».

41. Telles étaient ses exhortations ; mais il fallait surtout dire la vérité, qui seule pouvait rendre les hommes semblables aux dieux. Car, comme il le tenait des mages, le dieu même, que ceux-ci appellent Oromasdès, ressemble de corps à la lumière, d'âme à la vérité. Il donnait encore d'autres enseignements qu'il disait avoir reçus de l'Aristocleia delphique. Il en livrait aussi d'une manière mystérieuse sous forme de symboles ; Aristote en a consigné plus d'un, que par exemple il appelait la mer « pleurs » (de Cronos ?), les Ourses « mains de Rhéa », la Pléiade « lyre des Muses », les planètes « chiens de Perséphone ». Le son produit par un coup sur du bronze était la voix de quelque démon prisonnière de ce bronze. **42.** Il y avait encore un autre genre de symboles, celui que voici. Ne pas passer par-dessus une balance, c'est-à-dire ne pas chercher plus que sa part. Ne pas tisonner le feu avec le couteau, c'est-à-dire ne pas exciter par des paroles acérées l'homme bouillant de colère. Ne pas effeuiller une couronne, c'est-à-dire ne pas ruiner les lois, car elles sont les couronnes des cités. En voici d'autres pareils. Ne pas manger le cœur, pour « ne pas se ronger de chagrin ». Ne pas s'asseoir sur un boisseau, pour « ne pas vivre oisif ». Ne pas se retourner au départ pour un voyage : « ne pas se cramponner à la vie quand on meurt ». Ne pas aller par la grand-route, en quoi il défendait de suivre l'opinion de la foule, voulant qu'on s'attachât à celle des rares gens cultivés. Ne pas accueillir d'hirondelles dans sa maison, c'est-à-dire ne pas admettre sous son toit des bavards incapables de tenir leur langue. Aider les porteurs d'un fardeau à le charger mais non à le décharger ; par où il conseillait de ne s'associer à personne pour l'indolence, mais seulement pour la vertu. Ne pas porter d'images des dieux sur des anneaux, c'est-à-dire ne pas avoir, ne pas communiquer à la multitude sur les dieux des opinions ou des paroles hâtives ou manifestes. Ne faire de libation aux dieux qu'en inclinant la coupe du côté de l'anse ; par là il suggérait d'honorer les dieux et de les célébrer par la musique ; car celle-ci passe par les oreilles. Ne pas manger ce qui n'est pas permis : génération, croissance, commencement, fin, ni ce d'où le premier soubassement des êtres prend son origine. **43.** Il disait de s'abstenir, sur les animaux offerts en sacrifice, des reins, des testicules, des parties, de la moelle, des pieds, de la tête. Il appelait soubassement les reins, parce que c'est sur eux comme sur des fondations que se constituent les vivants ; génération, les testicules et les parties, car sans leur action il ne naît pas de vivant ; il appelait croissance la moelle, qui pour tous les vivants est cause qu'ils grandissent ; commencement, les pieds ; fin, la tête : ce sont là les suprêmes dirigeants du corps. Et il disait de s'abstenir de fèves autant que des chairs humaines. **44.** À ce qu'on rapporte, s'il les interdisait, c'est pour cette raison : quand au début l'origine de l'univers et la genèse des êtres étaient en désordre, que beaucoup de germes étaient ensemble réunis et semés en terre, qu'ils y pourrissaient ensemble, peu à peu il se fit une genèse et une discrimination des animaux qui naissaient et des plantes qui poussaient ensemble, si bien que de la même pourriture les hommes se formèrent et la fève bourgeonna. Et il en apportait des preuves irréfutables. Croquez une fève ; après l'avoir écrasée avec les dents, exposez-la quelque temps à la chaleur des rayons du soleil, puis allez-vous-en et revenez au bout d'un instant : vous y trouverez l'odeur de la semence humaine. Ou bien, quand la fève bourgeonnante fleurit, prenez un peu de la fleur noircissante, mettez-la dans un pot de terre que vous boucherez et enfouirez dans le sol ; vous l'y laisserez quatre-vingt-dix jours après l'avoir enfouie, après quoi vous la déterrerez et enlèverez le couvercle : vous trouverez alors, à la place de la fève, ou une tête d'enfant bien formée, ou un sexe féminin.

45. Il recommandait encore d'autres abstinences par exemple de vulve (de truie), de grondin, d'actinie, et à peu près de tous les autres produits de la mer. Et il se référait à ses incarnations précédentes, disant qu'il avait été d'abord Euphorbe, ensuite Aethalidès, en troisième lieu Hermotime, en quatrième lieu Pyrrhos, et maintenant Pythagore ; par quoi il démontrait que l'âme est immortelle et, chez ceux qui ont été purifiés, arrive à se souvenir de sa vie ancienne.

46. Il professait une philosophie dont le but était de délivrer et d'affranchir totalement de ces entraves et de ces liens l'intellect qui nous a été attribué et sans lequel on ne saurait apprendre ni percevoir absolument rien de sensé et de vrai, quel que soit le sens en action. Car l'intellect par lui-même « voit tout, entend tout ; le reste est sourd et aveugle ». Une fois l'intellect purifié, il faut lui fournir quelque chose de ce qui lui est profitable. Or Pythagore le lui fournissait en imaginant cette méthode : tout d'abord il le guidait insensiblement vers la contemplation des incorporels de sa race qui demeurent toujours en un état identique et immuable, en progressant petit à petit, de peur que, troublé par la soudaineté et la brusquerie du changement, il ne soit rebuté et ne se décourage, pour avoir été trop longtemps nourri dans le vice. **47.** Ainsi donc, par les sciences et les réflexions situées à la frontière des corps et des incorporels [à trois dimensions comme corps, sans résistance comme incorporels], il s'exerce progressivement aux êtres réellement existants, en conduisant méthodiquement les yeux de l'âme, à partir du corporel qui jamais ne demeure tant soit peu identique et permanent dans le même lieu, jusqu'à l'acquisition de sa nourriture. Par là, en introduisant les hommes à la contemplation des vraies réalités, il les rendait heureux. Voilà pourquoi l'entraînement aux mathématiques avait été reçu (dans l'école). **48.** Quant à l'étude des nombres, comme le dit entre autres Modératus de Gadès, qui a réuni en onze livres, fort pertinemment, les opinions de nos philosophes, elle s'est imposée pour la raison que voici. Ne pouvant, dit-il, expliquer clairement par la parole les premières formes et les premiers principes, vu la difficulté de les concevoir et de les exposer, les Pythagoriciens se rabattirent sur les nombres pour la clarté de l'enseignement, imitant ainsi les géomètres et les maîtres d'école. Ceux-ci, en effet, pour faire apprendre la valeur des éléments (du langage) et ces éléments eux-mêmes, ont recours aux caractères de l'alphabet, disant que ces caractères sont des éléments quand il s'agit de commencer l'enseignement ; plus tard seulement ils enseignent que les caractères ne sont pas des éléments, mais que par eux on se représente les éléments véritables. **49.** De même pour les géomètres : ne pouvant représenter par la parole les formes des corps, ils se rabattent sur le tracé des figures : ils disent que ceci est un triangle et ne veulent pas qu'un triangle soit ce qui tombe sous la vue, mais bien ce qui a telle propriété, et par là ils inculquent la représentation du triangle. C'est ce que les Pythagoriciens ont fait pour les raisons et les formes premières : n'arrivant pas à expliquer par la parole les formes immatérielles et les premiers principes, ils se sont rabattus sur la représentation par les nombres. Et ainsi ils ont appelé « un » la raison de l'unité, de l'identité, de l'égalité, la cause de la conspiration et de la sympathie de l'univers, de la conservation de ce qui garde identité immuable ; en effet, l'un dans les parties est tel parce qu'il reste uni et conspire avec elles par participation à la cause première. **50.** Quant à la raison de l'altérité, de l'inégalité, de tout le divisible qui change et revêt diverses formes, ils l'ont appelée double et dyade ; car telle est dans les particuliers aussi la nature de la dualité. Et ces notions ne valent pas pour les uns sans valoir aussi pour les autres : comme on peut le voir, les autres philosophes eux-mêmes ont admis des puissances unificatrices de l'univers et capables de le maintenir, et ceux-là aussi connaissent des raisons d'égalité, de dissemblance, d'altérité. Eh bien ! c'est à ces raisons que pour la clarté de l'enseignement ils donnent le nom d'un et de dyade ; mais peu leur importe de dire binaire, inégal ou dissemblable. **51.** Pareillement, pour les autres nombres, il en va de même : chaque nombre, en effet, correspond à quelque puissance. Ainsi, pour prendre encore un exemple, il existe dans la nature quelque chose qui comporte commencement, milieu et terme. Eh bien ! c'est à cette forme et à cette nature qu'ils ont appliqué le nombre trois. C'est pourquoi aussi ils appellent ternaire tout ce qui a un milieu. Et selon eux, tout ce qui est parfait a ce principe et est disposé conformément à lui. Faute de pouvoir le nommer autrement, ils lui ont attribué le nom de triade ; et pour nous introduire à sa notion, ils l'ont fait par l'intermédiaire de cette forme. Pour les autres nombres, il en va de même ; car tel est l'ordre dans lequel les nombres en question se succèdent. **52.** Les suivants tiennent en un seul genre, une seule puissance, qu'ils ont appelée décade, autant dire réceptacle. Aussi font-ils de dix un nombre parfait, ou plutôt le plus parfait de tous, puisqu'il comprend en lui toutes les différences des nombres, toutes les espèces de raisons, toutes les proportions. Si en effet la nature universelle est déterminée par des raisons et des proportions numériques, si elle règle par des raisons numériques tout ce qui naît, s'accroît et atteint son plein développement, si d'autre part toute raison, toute proportion, toute forme numérique sont contenues dans la décade, comment celle-ci ne mériterait-elle pas d'être appelée nombre parfait ?

53. Telle est donc la théorie pythagoricienne des nombres. Et c'est à cause d'elle, si originale, qu'est venue à s'éteindre cette philosophie, d'abord en raison de son caractère énigmatique, ensuite parce que les traités étaient écrits en dorien : ce dialecte manque de clarté ; et c'est précisément pourquoi on suspectait aussi comme apocryphes et controuvées les opinions qu'il servait à rapporter, sous prétexte que leurs présentateurs n'étaient pas de vrais Pythagoriciens. En outre, Platon et Aristote, Speusippe, Aristoxène et Xénocrate s'en étaient, au dire des Pythagoriciens, approprié le plus fécond en le remaniant un peu ; quant au superficiel, au léger, tout ce que dans la suite les malveillants diffamateurs de l'école alléguèrent pour la ruiner et la ridiculiser, ils l'ont rassemblé et classé comme son bien propre. Mais cela n'arriva que plus tard.

[*La mort de Pythagore*]

54. Pythagore et les compagnons qui l'entouraient étaient si admirés en Italie, à une grande distance, que les cités confiaient leur gouvernement à ses adeptes. Mais plus tard ils furent jalousés et il se forma contre eux la conjuration que voici. Cylon de Crotone, qui l'emportait sur tous ses concitoyens par sa naissance, la gloire de ses ancêtres et ses grandes richesses, mais qui était par ailleurs difficile, violent, tyrannique et utilisait sa cour d'amis et la puissance de sa fortune pour imposer des injustices, cet homme se jugeait digne de tout ce qui lui paraissait beau, et en particulier pensa mériter entre tous de partager la philosophie de Pythagore. Il va donc trouver celui-ci, en se vantant et en manifestant le désir de se joindre à lui. Mais dès que Pythagore eut fait subir à l'homme un examen physiognomonique et jaugé sa nature aux signes qu'il décelait dans son corps, il le congédia et le renvoya à ses affaires. Cylon n'en fut pas médiocrement affecté, s'estimant outragé, lui qui d'autre part était difficile et ne dominait pas sa colère. **55.** Il rassembla donc ses amis, calomnia Pythagore et monta un complot contre lui et ses familiers. Là-dessus, au dire de certains, alors que les adeptes de Pythagore étaient réunis dans la maison de l'athlète Milon en l'absence de Pythagore (il était allé à Délos auprès de son ancien maître Phérécyde de Syros pour le soigner dans sa maladie – c'était une atteinte du mal appelé pédiculaire – et pour l'ensevelir), il les fit tous périr dans l'incendie de la maison et par lapidation. Deux seulement, écrit Néanthe, échappèrent au bûcher, Archippe et Lysis ; un de ces deux, Lysis, se fixa en Grèce, gagna Thèbes et se joignit à Épaminondas, dont il devint aussi le maître. **56.** Mais pour Dicéarque et les auteurs plus exacts, Pythagore lui-même était présent lors de l'agression, car Phérécyde était mort avant son départ de Samos. Quarante de ses disciples, réunis dans une maison particulière, furent pris d'un coup ; la plupart des autres périrent isolément dans la ville, comme ils s'y trouvaient. Voyant ses amis vaincus, Pythagore se sauva d'abord au port de Caulonia, puis de là à Locres. Quand les Locriens l'apprirent, ils dépêchèrent quelques-uns de leurs anciens aux frontières du pays ; et quand ceux-ci le rencontrèrent, ils lui dirent : « Pythagore, nous te savons homme sage et habile ; mais comme nous n'avons rien à redire à nos propres lois, nous essaierons, pour notre compte, de nous y tenir ; quant à toi, va-t-en en quelque autre endroit, en emportant de chez nous le nécessaire dont tu peux avoir besoin ». Lorsqu'il eut de cette façon quitté la cité de Locres, il fit voile vers Tarente ; puis, comme il y trouvait les mêmes difficultés qu'à Crotone, il vint à Métaponte. Partout, en effet, il s'était produit de graves soulèvements, que maintenant encore se rappellent et racontent les habitants, qui les nomment « les événements du temps des Pythagoriciens ». [Et on appela pythagoriciens toute la faction qui avait suivi Pythagore].

57. Pythagore lui-même, dit-on, mourut à Métaponte ; il s'était réfugié au sanctuaire des Muses, où il était resté quarante jours privé du nécessaire. Selon d'autres, quand le feu ravageait l'habitation où ils se trouvaient réunis, ses adeptes se jetèrent dans le feu pour ouvrir un passage à leur maître, en faisant de leurs corps un pont sur le feu. Ayant ainsi passé à travers l'incendie, Pythagore, désespéré d'avoir perdu ses familiers, se donna la mort. Du désastre qui avait ainsi frappé la secte la connaissance disparut jusqu'à nos jours, conservée silencieusement dans les cœurs, alors que ceux du dehors ne se remémorent que les sottises. Car de Pythagore lui-même il n'y avait aucun écrit ; et les rescapés, Lysis et Archippe, comme tous ceux qui s'étaient exilés, ne sauvèrent que quelques étincelles de cette philosophie, obscures et indécelables.

58. Isolés, désespérés de l'événement, ils se dispersèrent en divers endroits, fuyant la société des hommes. Mais par crainte que le nom de la philosophie ne disparût totalement du monde et que les dieux mêmes ne leur en voulussent, ils composèrent des mémoires sommaires où ils rassemblèrent les écrits des anciens et leurs propres souvenirs, et les laissèrent chacun à l'endroit où la mort les surprit, en conjurant les leurs, fils, filles ou femmes, de ne les donner à personne hors de la famille ; ce que les héritières observèrent longtemps, en transmettant par succession la même consigne à leurs descendants.

IV

Résumé d'une *Vie de Pythagore* anonyme dans la *Bibliothèque* de Photius

Lu une *Vie de Pythagore*[49].

[*Les disciples et successeurs de Pythagore. Le nom des différentes sectes. La descendance de Pythagore*]

Le neuvième successeur de Pythagore fut, dit l'auteur, Platon, qui avait été l'élève d'Archytas l'Ancien ; le dixième fut Aristote. Parmi les disciples de Pythagore, les uns s'adonnaient à la vie contemplative : on les appelait les « pieux » ; d'autres s'occupaient des affaires humaines ; on les appelait les « politiques » ; les autres s'adonnaient aux sciences géométriques et astronomiques ; on les appelait « mathématiciens ». Ceux d'entre eux qui avaient fréquenté Pythagore en personne s'appelaient *pythagoriciens* ; leurs disciples s'appelaient *pythagoréens* et ceux qui les imitaient tout en vivant en dehors des communautés s'appelaient *pythagoristes*. Ils s'abstenaient de manger des êtres vivants et ne faisaient qu'y goûter à l'occasion des sacrifices.

Pythagore passe pour avoir vécu cent et quatre ans ; on dit que Mnésarque, un de ses fils, mourut fort jeune ; Tèlaugès, le second, lui succéda ainsi que Aisara et Mya ses filles. Et Théano, dit-on, n'était pas seulement une de ses élèves, mais une de ses filles.

[*La théorie des nombres. La* **Tétractys**]

Les disciples de Pythagore disaient qu'il y a une différence entre la Monade et l'Un. Ils considéraient, en effet, que la Monade est du domaine de l'intelligible, taudis que l'Un fait partie des nombres ; de même, Deux fait partie de ce qui peut-

49. Ce résumé se trouve dans le codex 249 de la *Bibliothèque* de Photius (tome VII de l'édition Henry, Les Belles Lettres, Paris 1974).

être compté tandis que la Dyade, disaient-ils, est un indéterminé parce que la Monade se conçoit selon le mode de l'égalité et de la mesure, tandis que la Dyade se conçoit comme un excès ou un manque ; or, un moyen terme et une mesure ne peuvent ni augmenter ni diminuer, mais, comme l'excès et le manque tendent vers l'indéterminé, ils disaient, pour cette raison, que la Dyade est un indéterminé. Et comme ils rapportaient toutes choses aux nombres en les tirant de la Monade et de la Dyade, ils proclamaient que tout est nombre et que le nombre complet est dix ; le nombre dix est un composé des quatre premiers nombres que nous comptons dans leur ordre ; c'est pourquoi ils appelaient *Tétractys* le tout constitué par ce nombre.

[*Le dépassement*]

Ils disaient que l'homme se dépasse lui-même par trois voies : d'abord par le commerce avec les dieux – car, nécessairement, quand ils s'approchent des dieux, les hommes doivent, pour cette circonstance, se séparer de toute malice en se rendant autant que possible semblables à la divinité ; deuxièmement, l'homme peut se dépasser par la pratique du bien – car c'est là le propre de la divinité et de ceux qui imitent les dieux – et en troisième lieu, en mourant ; l'âme, en effet, en se séparant du corps jusqu'à un certain point durant la vie, se dépasse elle-même ; pendant le sommeil, dans les songes et, au cours des extases qui se produisent pendant les maladies, elle acquiert le don de divination ; mais elle s'élève encore bien davantage quand elle est radicalement séparée du corps.

[*La Monade*]

Les Pythagoriciens disaient que la Monade est le principe de toutes choses car, disaient-ils, le point est le principe de la ligne, celle-ci, celui de la surface et la surface, celui de l'élément à trois dimensions, c'est-à-dire du solide. Mais la Monade se conçoit avant le point, en sorte que c'est la Monade qui est le principe des corps et que tous les corps sont issus de la Monade.

[*Le régime alimentaire*]

Les disciples de Pythagore s'abstenaient de manger des êtres vivants parce qu'ils croyaient déraisonnablement à la réalité de la métempsycose, et aussi parce que les aliments de cette sorte alourdissent l'esprit étant trop nourrissants et exigeant un gros effort de digestion. C'est pour cette même raison qu'ils s'abstenaient aussi de manger des fèves, ce légume provoquant des fermentations et étant très nourrissant. Ils donnent encore plusieurs autres raisons qui les déterminaient à s'abstenir de manger des fèves.

[*Les dons de divination de Pythagore*]

Pythagore, dit l'auteur, a prédit beaucoup d'événements qui tous sont arrivés.

[*Formation intellectuelle de Platon*]

On dit que Platon aurait appris la philosophie spéculative et la physique chez les Pythagoriciens d'Italie et la morale surtout auprès de Socrate. Les fondements de la logique lui auraient été inculqués par Zénon et Parménide, les Éléates ; ceux-ci aussi étaient de l'école pythagoréenne.

[*Les sens. Théorie de la sensation*]

La vue, selon Pythagore, Platon et Aristote, distingue les

douze couleurs : le blanc et le noir et les teintes intermédiaires ; le jaune roux, le brun, le jaune pâle, le rouge, le bleu, le pourpre, le brillant, le foncé ; l'ouïe distingue les sons aigus et les sons graves ; l'odorat distingue les bonnes et les mauvaises odeurs et les senteurs intermédiaires qui proviennent des corps en putréfaction ou en sueur ou en liquéfaction ou en combustion ; le goût distingue le doux et l'amer et les cinq saveurs intermédiaires car, toutes ensemble, les saveurs sont sept : le doux, l'amer, l'acide, l'aigre, le fade, le salé doux et le salé piquant. C'est le toucher qui distingue le plus d'éléments ; par exemple, il distingue les corps pesants, les corps légers et leurs intermédiaires, les chauds et les froids et leurs intermédiaires, les rugueux et les lisses et leurs intermédiaires, les secs et les humides et leurs intermédiaires. Et il y a quatre sens localisés dans la tête et dans des organes particuliers ; le toucher est répandu dans la tête et dans le corps tout entier et commun à tous les organes des sens, mais c'est dans les mains qu'il montre plutôt son aptitude à distinguer.

[*Cosmologie*]

Il y a, dit l'auteur, douze zones dans le ciel ; la première, qui est la plus éloignée, est la sphère fixe, séjour pour Aristote, du dieu premier et des divinités intelligibles, pour Platon, séjour des idées ; après la sphère fixe vient la place de Cronos et des six autres planètes dans l'ordre, soit Zeus, Arès, Aphrodite, Hermès, le Soleil, la Lune ; puis vient la sphère du feu, puis celle de l'air, ensuite celle de l'eau. La dernière après toutes les autres planètes est la Terre. Des douze zones contenues dans la sphère fixe, c'est la première qui est la cause ; tout ce qui est proche d'elle est, dit-on, dans un ordre sûr et excellent ; ce qui en est loin est moins favorisé ; et l'ordre est maintenu jusqu'à la Lune, mais, plus bas que la Lune, il en va tout autrement. Le mal doit nécessairement se trouver dans la région de la Terre puisque celle-ci se trouve placée comme une fosse par rapport à l'ensemble du cosmos et qu'elle est le réceptacle tout indiqué de ses déchets. Toutes les autres régions sont, disent-ils, gouvernées par la Providence, selon un ordre fixe, et selon la destinée déterminée par Dieu et qui émane de lui ; les régions sublunaires, elles, sont régies par quatre causes : Dieu, le destin, notre volonté à nous et le hasard ; par exemple, monter à bord d'un bateau ou ne pas y monter dépend de nous ; mais que, par un temps calme, l'orage et la tempête éclatent brusquement, cela dépend du hasard ; que le navire en perdition soit sauvé contre toute attente, cela dépend de la Providence divine. Le destin se présente de beaucoup de manières diverses et il diffère du hasard parce que le destin implique un enchaînement, un ordre, des conséquences, tandis que le hasard, c'est le mouvement spontané et aveugle ; ainsi, passer normalement de l'enfance à l'adolescence et aux autres âges de la vie dépend d'une seule inflexion du destin.

Ainsi qu'Aristote semble l'avoir découvert dans ses recherches, le zodiaque se meut obliquement afin de donner naissance aux régions situées tout autour de la Terre et destinées à compléter l'univers. En effet, si son mouvement était parallèle, il n'y aurait jamais qu'une seule saison dans l'année, soit l'été, soit l'hiver, soit une autre saison. À présent, c'est parce que le Soleil et les autres planètes passent d'un signe du zodiaque à l'autre que se produisent les quatre changements de saison ; c'est du passage de l'une à l'autre que naissent les fruits de la terre et que s'engendrent les autres espèces d'êtres vivants.

Le Soleil, selon l'opinion personnelle de notre auteur qui la prétend vraie, a cent fois le volume de la Terre ; mais on dit généralement qu'il n'a pas moins de trente fois le volume de la Terre.

La grande année est, disent les Pythagoriciens, la révolution de Cronos parce que, tandis que les six autres planètes accomplissent leur révolution en un temps plus court, lui accomplit sa propre course en trente ans. Zeus, en effet, boucle son cercle en douze ans, Arès le sien en deux ans, le Soleil en un an ; Hermès et Aphrodite ont un rythme de révolution égal à celui du Soleil ; la Lune, qui est la plus proche de la Terre, parcourt en un mois le cercle le moins étendu.

Pythagore a été le premier à appeler le ciel « *cosmos* » à cause de sa perfection et parce qu'il offre un assemblage fait de tous les êtres vivants et de tout ce qui existe de beau.

[*Psychologie et éthique*]

Platon, dit l'auteur, et Aristote disent l'un comme l'autre que l'âme est immortelle, bien que certaines gens, qui n'entrent pas bien dans la pensée d'Aristote, croient qu'il dit qu'elle est mortelle.

On dit de l'homme qu'il est un « microcosme » non parce qu'il est composé des quatre éléments – car c'est aussi le propre de chacun des êtres vivants et même des plus rudimentaires – mais parce qu'il possède toutes les valeurs du cosmos. Dans le cosmos, en effet, il y a des dieux et il y a aussi les quatre éléments, les animaux sans raison et aussi des plantes ; toutes ces valeurs, l'homme les possède. Il a, en effet, une vertu divine, la raison ; il a les possibilités naturelles des éléments : se nourrir, se développer et engendrer son semblable. Il est cependant imparfait en chacune de ces valeurs et, de même que l'athlète complet, qui a la forme nécessaire pour toutes les épreuves, est inférieur dans chacune à celui qui ne pratique qu'un seul sport, ainsi l'homme, qui détient toutes les valeurs, souffre d'insuffisance dans chacune d'elles. En effet, nous possédons la faculté de raisonner, mais à un degré moindre que les dieux ; de même, nous possédons les vertus des éléments, mais à un degré moindre que les autres êtres ; l'élan vital et les appétits existent à un degré moindre chez nous que chez les animaux ; la force de nutrition et de la croissance à un degré moindre que chez les plantes. Il s'ensuit que, tout en étant composés de valeurs variées, nous avons la vie difficile. En effet, chacun des autres êtres est mené par une seule tendance naturelle, tandis que nous sommes tiraillés en sens contraires par des potentialités différentes : ainsi, tantôt nous sommes attirés vers le bien par l'élément divin qui est en nous ; tantôt, c'est l'élément animal qui nous emporte et nous entraîne vers le mal ; il en va de même des autres valeurs. Celui donc qui cultive l'élément divin qui est, en nous, et qui lui donne la place d'un aurige attentif et expérimenté, pourra utiliser les autres valeurs dans le sens qu'il faut, je veux dire le mélange harmonieux des éléments : l'élan vital, les appétits et les désirs.

Ainsi, le « connais-toi toi-même », qui paraît un précepte si facile, est difficile entre tous ; cette parole est, dit-on, d'Apollon Pythien, bien qu'on rapporte aussi l'apophtegme à Chilon, un des sept Sages. Cette maxime nous engage à connaître nos propres possibilités. Et se connaître soi-même n'est rien autre que connaître la nature de tout le cosmos. Cette connaissance est irréalisable sans la pratique de la philosophie ; c'est à elle que le dieu nous convie.

[*Théorie de la connaissance*]

Il existe, dit-on, huit organes de la connaissance : la sensation, l'imagination, la méthode, l'opinion, la réflexion, le savoir, la sagesse, l'intelligence. Parmi ces moyens, nous avons en commun avec les êtres divins la méthode, la réflexion, le savoir et l'intelligence ; nous avons en commun avec les bêtes la sensation et l'imagination ; seule l'opinion nous est propre. La sensation est une connaissance trompeuse qui nous vient par l'intermédiaire du corps ; l'imagination est un mouvement dans l'âme ; la méthode, une aptitude à créer avec l'aide de la raison – on ajoute « avec l'aide de la raison » parce que l'araignée aussi crée, mais non pas avec l'aide de la raison ; la réflexion est une aptitude à choisir la voie droite dans les actions ; le savoir est la possession des éléments qui restent toujours identiques et semblables ; la sagesse est la connaissance des causes premières, l'intelligence est le principe et la source de tout ce qui est beau.

Il y a trois éléments dans la facilité à apprendre : l'intelligence, la mémoire, la promptitude à saisir. La mémoire est la faculté de conserver ce qu'on a appris ; la promptitude à saisir, c'est la vélocité de la pensée ; l'intelligence consiste à rechercher ce qu'on ignore en partant de ce qu'on sait.

[*Deux remarques*]

« Ciel » se dit dans un sens triple ; c'est d'abord la sphère fixe elle-même, puis l'espace entre celle-ci et la Lune et, en troisième lieu, le cosmos tout entier, c'est-à-dire le ciel et la terre ensemble.

Les êtres les plus parfaits comme les pires sont, dit-il, naturellement portés à agir sans relâche. Ces êtres sont la divinité et les plantes. Dieu, en effet, agit sans cesse en esprit et raison et il en va de même des êtres qui sont proches de lui ; les plantes, elles aussi, agissent sans cesse, car elles se nourrissent nuit et jour. L'homme, lui, n'est pas sans cesse en activité, et les bêtes non plus, mais, pendant environ la moitié de son temps, il dort et se repose.

[...]

V

Vie de Pythagore de Diogène Laërce : *Vie et doctrine des philosophes illustres*, Livre VIII, 1-51.

Choix de textes

[*La série des incarnations de Pythagore*]

(4) Voici ce que, d'après Héraclide du Pont, [Pythagore] disait sur lui-même : à savoir qu'autrefois, il avait été Aethalidès et qu'on le tenait pour le fils d'Hermès ; Hermès lui avait dit de choisir ce qu'il voulait, hormis l'immortalité. Il lui demanda donc de conserver, aussi bien vivant que mort, la mémoire de tout ce qui lui était arrivé. Et ainsi, durant sa vie, il se souvenait de toutes choses, et, une fois mort, il conservait cette mémoire. Quelque temps après, il entra dans le corps d'Euphorbe et fut blessé par Ménélas. Euphorbe disait quant à lui qu'il avait été Aethalidès et qu'il tenait d'Hermès ce don et cette capacité de translation qu'avait son âme ; il racontait comment s'étaient déroulés ces passages, dans quelles plantes et quels animaux son âme s'était insinuée, et tout ce **(5)** qu'elle avait éprouvé dans l'Hadès, et ce que les autres âmes y endurent. Ensuite, une fois Euphorbe mort, son âme passa dans Hermotime, lequel, voulant lui-même persuader de la chose, s'en retourna auprès des Branchides et, lorsqu'il eut pénétré dans le sanctuaire d'Apollon, désigna le bouclier que Ménélas y avait suspendu (il disait en effet que ce dernier, lorsqu'il appareilla à son retour de Troie, avait consacré ce bouclier à Apollon), bouclier qui, déjà à cette époque, était décomposé, et dont le temps n'avait épargné que la face en ivoire. Lorsque Hermotime mourut, il devint Pyrrhos, le pêcheur de Délos ; et à nouveau, il se souvenait de tout : comment, auparavant, il avait été Aethalidès, puis Euphorbe, puis Hermotime, puis Pyrrhos. Quand Pyrrhos mourut à son tour, il devint Pythagore et se souvenait de tout ce qui vient d'être dit.

[...]

[« ***Philosophe*** »]

(8) […] Dans ses *Successions*, Sosicrate déclare que Pythagore, interrogé par Léon, le tyran de Phlionte, qui lui demandait qui il était, répondit qu'il était « un philosophe ». Et il ajouta que la vie ressemble aux jeux publics : certains s'y rendent pour concourir, d'autres pour y faire du commerce, et les meilleurs sont ceux qui viennent en spectateurs ; et il en est de même de la vie : les uns naissent esclaves et chassent gloire et richesses ; les autres naissent philosophes et c'est la vérité qu'ils chassent. Voilà ce qu'il en est sur le sujet.

[…]

[*Les différentes périodes de la vie humaine*]

(10) Voici comment il divise la vie humaine : il accordait vingt ans à l'enfance, vingt ans à l'adolescence, vingt à la jeunesse et autant à la vieillesse. Et ces âges correspondent aux saisons de la façon suivante : l'enfance au printemps, l'adolescence à l'été, la jeunesse à l'automne et la vieillesse à l'hiver. Mais pour lui, l'adolescence, c'est l'âge de la puberté, et la jeunesse, l'âge viril.

[…]

[*Les* sumbola]

(17) Voici quels étaient les symboles :

ne pas tisonner le feu avec un couteau,
ne pas passer par-dessus une balance,
ne pas s'asseoir sur le boisseau,
ne pas se ronger le cœur,

décharger de concert le fardeau et ne pas contribuer à en augmenter la charge,

avoir ses couvertures toujours liées ensemble,

ne pas porter d'image du dieu gravée sur son anneau,

effacer la trace de la marmite dans la cendre,

ne pas essuyer son siège avec une torche,

ne pas uriner face au soleil,

ne pas marcher hors du grand chemin,

ne pas tendre la main droite à la légère,

ne pas avoir d'hirondelles chez soi,

ne pas élever d'oiseau de proie,

ne pas uriner ni marcher sur des rognures d'ongles et des cheveux coupés, détourner le couteau tranchant,

ne pas se retourner à la frontière lorsque l'on a quitté son pays.

(18) Voici ce qu'il voulait dire : *ne pas tisonner le feu avec un couteau*, signifie ne pas exciter la colère et l'irritation des puissants ; *ne pas passer par-dessus une balance*, c'est ne pas transgresser l'égal et le juste ; *ne pas s'asseoir sur le boisseau* c'est se soucier de l'avenir autant que du présent, car le boisseau, c'est la nourriture d'une journée ; par *ne pas se ronger le cœur*, il entendait signifier qu'il ne faut pas laisser son âme se consumer de chagrin et d'affliction ; par *ne pas se retourner à la frontière lorsque l'on a quitté son pays*, il enjoignait ceux qui sont près de mourir de ne pas être pleins du désir de vivre, et de ne pas se laisser diriger par les plaisirs de ce monde. Quant aux autres symboles, les explications sont à l'avenant et je ne m'y attarde pas.

[...]

[*Descente aux Enfers*]

(21) [...] Hiéronymos déclare que Pythagore est descendu dans l'Hadès et qu'il y vit l'âme d'Hésiode attachée à une colonne d'airain et poussant des hurlements, ainsi que celle d'Homère, suspendue à un arbre et entourée de serpents, en punition de ce qu'ils avaient dit des dieux ; et il fut aussi témoin du châtiment de ceux qui ne veulent pas s'unir à leurs femmes. Et c'est pour cela que les Crotoniates l'honoraient. Quant à Aristippe de Cyrène, il dit dans son traité *Sur les recherches sur la nature* que ce nom de « Pythagore » lui venait de ce qu'il annonçait la vérité non moins que le Pythien.

[Mémoires pythagoriques *cités par Alexandre de Milet, dit Polyhistor*]

(24) Alexandre dit, dans ses *Successions des philosophes*, avoir trouvé dans des *Mémoires pythagoriques* les choses que voici :

(25) Le principe de toutes choses est la monade ; de la monade provient la dyade indéfinie qui, comme matière, est sous-jacente à la monade qui est la cause ; de la monade et de la dyade indéfinie viennent les nombres ; des nombres, les points ; de ceux-ci, les lignes, de celles-ci, les figures planes ; des plans, les solides ; de ces derniers, les corps sensibles, dont les éléments sont au nombre de quatre : feu, eau, terre, air. Ces derniers changent et se transforment totalement l'un en l'autre, et c'est d'eux que naît le monde animé, doué d'intellect, sphérique, contenant en son centre la terre, laquelle est aussi sphérique et habitée sur tout son pourtour. **(26)** Il y a aussi des antipodes, et ce qui, pour nous, est en bas, est pour eux en haut. Lumière et obscurité, chaud et froid, sec et humide sont en parts égales dans l'univers. Parmi ces qualités, la prédominance du chaud donne naissance à l'été, la prédominance du froid à l'hiver. Si ces qualités sont en équilibre, on a les plus belles saisons de l'année : la partie croissante de l'année est la saison salubre du printemps, la partie déclinante est la saison malsaine de l'automne. Et pour la journée aussi, l'aurore est le temps de la croissance, tandis que le soir est celui du déclin, c'est pourquoi le soir est plus malsain. L'air qui entoure la terre est immobile et malsain, et tous les êtres qui s'y trouvent sont mortels ; en revanche, l'air de la région supérieure est toujours en mouvement, pur et salubre, et tous les êtres qui s'y trouvent sont **(27)** immortels et, pour cette raison, divins. Le soleil, la lune et les autres astres sont des dieux, car en eux prédomine le chaud, qui est principe de vie. La lune est éclairée par le soleil. Et il existe une parenté des hommes avec les dieux, en raison de la participation de l'homme au chaud ; de là vient aussi que la divinité exerce sur nous sa providence. Le destin est le principe du gouvernement de l'univers dans son ensemble et dans ses parties. Il part du soleil un rayon qui pénètre dans l'éther – qu'il s'agisse de l'éther froid ou de l'éther épais. Ils appellent l'air "éther froid", et la mer et l'humide, "éther épais". Ce rayon s'enfonce jusque dans les profondeurs **(28)** et, de ce fait, donne vie à tous les êtres. Est vivant tout ce qui participe à la chaleur ; c'est pourquoi les plantes aussi sont des êtres vivants ; cependant tous les êtres ne possèdent pas une âme. L'âme est une parcelle détachée de l'éther, tant de l'éther chaud que de l'éther froid. En raison de sa participation à l'éther froid, l'âme diffère de la vie ; et elle est immortelle, puisque ce dont elle a été détachée est immortel.

Les êtres vivants naissent les uns des autres à partir de semences ; quant à la génération à partir de la terre, elle est impossible. La semence est une goutte de cervelle, qui contient en elle-même une vapeur chaude. Une fois cette goutte projetée dans la matrice, la matière encéphalique, d'une part, émet du sérum, de l'humeur et du sang, à partir desquels sont constitués les chairs, les muscles, les os, les cheveux et le corps dans son ensemble ; d'autre part, **(29)** la vapeur produit l'âme et la sensibilité. La première concrétion prend forme en quarante jours, puis, selon les rapports harmoniques, au bout de sept, neuf ou dix mois au plus, l'enfant pleinement constitué est mis au monde. Il possède en lui-même toutes les raisons de la vie, et, comme ces raisons constituent une chaîne conforme aux rapports harmoniques, chaque chose survient au moment voulu.

La sensation en général, et en particulier la vue, est une sorte de vapeur très chaude. C'est pour cela qu'on dit voir à travers l'air et à travers l'eau. En effet, le chaud résiste fortement au froid, tandis que, assurément, si la vapeur qui se trouve dans les yeux était froide, elle se disperserait dans l'air qui, alors, lui serait semblable. En réalité, il y a des passages où il appelle les yeux « portes du soleil ». Sur l'ouïe et les autres sens, sa doctrine est la même.

(30) L'âme humaine est divisée en trois parties : la représentation, l'esprit et le principe vital. La représentation et le principe vital se retrouvent aussi chez les autres vivants, mais l'esprit n'existe que chez l'homme. L'âme s'étend du cœur au cerveau : la partie de l'âme qui réside dans le cœur est le principe vital, l'esprit et la représentation sont celles qui se trouvent dans le cerveau ; les sensations sont des gouttes de ces dernières parties. La partie intelligente est immortelle, les autres sont mortelles. L'âme tire sa nourriture du sang. Ses discours sont des souffles. Elle est elle-même invisible, de même que ses discours, puisque l'éther est invisible lui aussi.

(31) Les veines, les artères et les nerfs sont les liens de l'âme. Mais quand l'âme reprend force et se repose, concentrée en elle-même, ce sont ses discours et ses activités qui deviennent ses liens. Lorsqu'elle est expulsée sur terre, elle se met à errer dans l'air, semblable à son corps. Hermès est l'intendant des âmes, et pour cette raison il est appelé *guide*, *gardien des portes* et *chthonien*, puisque c'est lui qui fait sortir les âmes de leur corps et qui les conduit loin de la terre et hors de la mer ; les âmes pures sont conduites au plus haut des cieux, tandis que les âmes impures n'ont le droit ni de s'approcher des âmes pures ni de s'approcher les unes des autres, et elles sont enchaînées et prises dans des liens indestructibles par les **(32)** Érinyes. L'air entier est rempli d'âmes, que l'on appelle *démons* et *héros*. Ce sont eux qui envoient aux hommes les songes, les signes et les maladies, et non seulement aux hommes, mais aussi aux animaux grégaires et aux autres bêtes de somme. Et c'est à leur intention qu'on pratique des purifications et des expiations, et qu'on a recours à toutes sortes de divination, aux invocations et autres choses semblables. Quant aux hommes, le plus important, à ce qu'il dit, c'est la disposition de l'âme au bien ou au mal (les hommes sont heureux lorsque c'est une âme bonne qui les accompagne), et le fait qu'ils ne soient jamais en repos ni ne maîtrisent le cours de leur vie.

(33) Ce qui est juste a la valeur du serment, et c'est pourquoi Zeus est appelé *protecteur des serments*. La vertu est harmonie, tout comme la santé, le bien dans sa totalité et la divinité. C'est la raison pour laquelle on dit que l'univers est constitué suivant l'harmonie. Et l'amitié est une égalité harmonieuse. Il faut honorer dieux et héros, mais pas de façon égale : il faut honorer les dieux tout le temps, avec des paroles de bon augure, habillé de blanc et en ayant le corps purifié, quant aux héros, on ne doit les honorer qu'à partir de midi seulement. La pureté s'obtient au moyen de purifications, d'ablutions et d'aspersions, en évitant d'assister aux funérailles, en se gardant de tout contact charnel avec les femmes et de toute souillure, et en s'abstenant de viandes d'animaux comestibles morts de maladie, de rougets, de mélanures, d'œufs, d'animaux ovipares, de fèves et de tout ce que défendent aussi ceux qui pratiquent les initiations dans les temples.

[...]

[*La transmission de la doctrine*]

(42) Pythagore avait une femme nommée Théanô, fille de Brontinos de Crotone ; d'autres disent qu'elle était la femme de Brontinos et une disciple de Pythagore. Il avait aussi une fille, Damô, comme le dit Lysis dans sa lettre à Hippase, où il parle ainsi de Pythagore : « Beaucoup de gens racontent que tu philosophes en public, ce que Pythagore refusait, car, en confiant à Damô, sa fille, la garde des aide-mémoire, il lui défendit de les communiquer à quiconque n'était pas de la maison. Et, quoiqu'elle eût pu en retirer une importante somme d'argent, elle se refusa à vendre ces écrits : elle estima que la pauvreté et les injonctions de son père étaient plus précieuses que l'or. Et cela alors qu'elle n'était qu'une femme ! »

(43) Ils eurent aussi un fils, Télaugès, qui succéda à son père et qui, selon certains, fut le maître d'Empédocle. Et, de fait, Hippobote fait tenir à Empédocle ce propos : « Télaugès, fils illustre de Théanô et de Pythagore ». Aucun écrit de ce Télaugès n'a été conservé, alors qu'il en reste quelques-uns de sa mère, Théanô. À ce qu'on dit, un jour qu'on lui demandait au bout de combien de temps une femme était purifiée d'avoir eu commerce avec un homme, elle répondit qu'elle l'était sur-le-champ si c'était avec son mari, mais que, si c'était avec un autre homme, elle ne l'était jamais. À la femme qui allait coucher avec son mari, elle conseillait de se dépouiller de sa pudeur en même temps que de ses vêtements, et de la revêtir à nouveau, en même temps que ses vêtements, au sortir de la couche. Et comme on lui demandait de quels vêtements elle parlait, elle répondit : « Ceux pour lesquels je suis appelée une femme ».

[*L'âge de Pythagore à sa mort*]

(44) D'après ce que rapporte Héraclide, fils de Sarapion, Pythagore est mort à l'âge de quatre-vingts ans, ce qui est en accord avec sa propre description des âges de la vie ; mais, suivant l'opinion la plus courante, il parvint à l'âge de quatre-vingt-dix ans.

Postface

Le renouveau du pythagorisme

Extrait de
La Révélation d'Hermès Trismégiste,
tome I : L'astrologie et les sciences occultes
d'A.-J. Festugière

Le texte que l'on va lire est extrait des premières pages et de l'introduction du premier tome de *La Révélation d'Hermès Trismégiste* du R. P. Festugière, (réimpression Les Belles Lettres, Paris 1983 [1950²], pp. VII et 1-28). Nous avons intégré directement dans le texte les quelques « additions et corrections de la seconde édition » qui étaient signalées en fin du volume (pp. 425-426). Afin de faciliter la lecture, nous avons translittéré les quelques mots grecs cités et nous n'avons pas reproduit le très riche apparat de notes (à l'exception des références et remarques indispensables à la compréhension du texte). Le lecteur curieux pourra toujours se reporter aux pages mêmes de cet ouvrage remarquable.

Vers la fin de la période hellénistique et sous l'Empire, il se répandit dans le monde gréco-romain un certain nombre de sagesses révélées que l'on attribuait soit à des mages perses (Zoroastre, Ostanès, Hystaspe), soit à un dieu d'Égypte (Thoth-Hermès), soit à des oracles venus de la Chaldée (Oracles Chaldaïques), soit même à des prophètes ou philosophes de la Grèce qui avaient approché de plus près le divin, car c'est au même temps que refleurissent le pythagorisme et l'orphisme.

[...]

Le déclin du rationalisme

La période qui va de Trajan au dernier des Sévères est un âge tout de contrastes. En apparence, il semble que jamais le monde antique n'ait atteint un pareil degré de civilisation. Les fortes armées de Rome retiennent les Barbares aux frontières de l'Empire. L'Oikouménè est en paix. Dans les provinces orientales, les villes anciennes rajeunissent, se couvrent de monuments qui attestent la générosité de l'Empereur ou des citoyens enrichis. En Afrique, en Espagne, en Gaule, en Bretagne, en Germanie, là où il n'y avait jusque-là que des bourgades, des villes maintenant se construisent qui témoignent de la sollicitude de Rome. Toutes ces villes sont des cités au sens antique, c'est-à-dire des organismes autonomes, avec leurs magistrats élus, leur propre administration. C'est le règne de la bourgeoisie urbaine : tout citadin instruit, honnête et loyaliste peut, s'il travaille, parvenir aux charges les plus importantes de l'État. Dans toutes les régions urbanisées, l'éducation gréco-romaine imprime à la population immense et si diverse de l'Empire des manières communes de penser, de sentir, d'agir. L'Empereur lui-même et les magistrats des cités veillent à promouvoir l'instruction. Dès la fin du Ier siècle, Vespasien a créé des écoles d'État avec des traitements officiels. À Alexandrie, l'académie du Musée est prospère au moins jusqu'au temps de Caracalla. À Athènes, Marc Aurèle organise l'Université où quatre chaires sont réservées aux quatre grandes écoles philosophiques, de Platon, d'Aristote, de la Stoa, d'Épicure. À Rome, Hadrien fonde l'Athénéum. Le brevet d'hellénisme ouvre l'accès au *cursus* de l'administration impériale.

C'est l'âge où les rhéteurs voyagent de ville en ville pour prononcer des discours d'apparat à la louange de la cité qui les accueille ou à la gloire du Prince. Marc Aurèle est l'élève et l'ami de Fronton, Aelius Aristide lit à Rome, peut-être devant Antonin lui-même, son panégyrique de l'Empire et il obtient de Marc Aurèle et de Commode qu'ils fassent les frais de la reconstruction de Smyrne. Grammairiens, médecins, juristes ne sont pas moins favorisés. On voit paraître alors des œuvres qui, rassemblant les connaissances accumulées par les anciens et fixant l'état de la science pour une longue suite de générations, parfois jusqu'aux temps modernes, serviront désormais de textes de base qu'on se contentera d'apprendre et de commenter. Ainsi, pour la science des nombres, l'*Introduction arithmétique* de Nicomaque de Gérasa, commentée par Jamblique, Philopon, Sotérichos, traduite en latin par Apulée et Boèce et, sous cette forme, servant de manuel encore aux XIIe et XIIIe siècles. Pour l'harmonique – qui, chez les anciens, est associée à la science des nombres –, l'*Introduction harmonique* de Nicomaque et surtout les *Harmonika* de Ptolémée, commentés par Porphyre, utilisés par Macrobe, traduits en latin par Boèce et qui, grâce à Boèce, influent sur tout le Moyen Âge. Pour la géométrie, les *Métrika* et les *Définitions* de Héron d'Alexandrie et son commentaire sur Euclide, amplement utilisés par les Arabes dont les écrits, au Moyen Âge, seront traduits en latin. Pour l'astronomie, la *Planisphère* et surtout l'*Almageste* de Ptolémée, commenté par Pappos et Théon d'Alexandrie, servant de manuel dans les écoles néoplatoniciennes, traduit en arabe, puis de l'arabe en latin dès le XIIe siècle, et dont la doctrine s'impose jusqu'à Copernic. Pour l'astrologie, le *Tétrabiblos* ou *Quadripartitum* du même Ptolémée, commenté et paraphrasé par les néoplatoniciens, traduit et infiniment lu par les Arabes, plusieurs fois traduit en latin au Moyen Âge, et encore durant la Renaissance, par Mélanchthon. Pour la mécanique, les traités de Héron d'Alexandrie sur les cinq forces, la balistique, les machines pneumatiques et les automates, en partie traduits en arabe puis de l'arabe en latin, et dont quelques-uns (les *Pneumatika* surtout) joueront un grand rôle à la Renaissance. Pour l'optique, l'*Optique* de Ptolémée dont il ne nous reste précisément que la traduction latine, d'après l'arabe, de l'amiral sicilien Eugénius, ainsi que les deux traités de Catoptrique du pseudo-Ptolémée (vraisemblablement de Héron) et du pseudo-Euclide, tous deux traduits en latin au Moyen Âge. Pour la médecine, l'œuvre immense de Galien de Pergame (153 ouvrages), somme de toutes les connaissances acquises depuis

Hippocrate, qui devient, dès le IVe siècle, le classique de l'art médical, commenté, traduit en arabe, puis en latin, et qui reste encore, à la Renaissance, la principale autorité. Pour la grammaire, les travaux d'Apollonius d'Alexandrie qui traite de toutes les parties de la grammaire depuis les sons, jusqu'à l'ordre des mots, et dont la *Syntaxe* en particulier devient canonique : Priscien la traduit en partie, à Byzance Théodore de Gaza et Lascaris en font la base de leurs ouvrages, et les traductions de Théodore par Érasme, de Lascaris par Mélanchthon en assurent encore la fortune dans les écoles au XVIe siècle. Pour la prosodie, les 29 livres de la *Prosodie universelle* d'Hérodien (fils d'Apollonius) qui systématise les règles établies par les philologues alexandrins et les transmet, ainsi organisées, aux Byzantins. Pour la métrique, le traité *Sur les mètres* (en 48 livres) d'Héphestion d'Alexandrie, commenté dès le IIIe siècle par Longin, puis par Choiroboskos au VIe siècle, et qui devient canonique dans les écoles de Byzance. Pour la rhétorique, l'énorme *corpus* d'Hermogène de Tarse, développé, dès le IIIe siècle, par une longue lignée de commentateurs.

Ces noms suffisent pour montrer que le IIe siècle a connu un véritable renouveau intellectuel dont on ne doit pas sous-estimer l'importance dans l'histoire du savoir humain : car ce sont, en grande partie, des écrivains de cet âge, Nicomaque, Ptolémée, Héron, Galien, entre autres, qui ont déterminé la forme et les limites de ce savoir pour plus d'un millier d'années. C'est le IIe siècle, pour tout dire, qui a généralisé l'emploi et la notion d'*enkuklios paidéia*, de ce cycle d'« humanités » qui doit précéder la formation professionnelle et faire, vraiment, de l'être humain un « homme » ; c'est alors qu'est définitivement établie l'ordonnance du *trivium* et du *quadrivium*, c'est-à-dire des sept « arts » libéraux du Moyen Âge, grammaire, rhétorique, logique d'une part, arithmétique, musique, géométrie, astronomie d'autre part.

Il serait donc tout à fait injuste de parler, en un sens absolu, du temps des Antonins et des Sévères comme d'une époque de décadence. Et cependant, si l'on y regarde de plus près, la décadence est certaine. Car aucune des œuvres du IIe siècle n'est une œuvre originale. On imite, ou l'on compile et systématise un donné acquis. Galeries, portiques, halles, thermes, bibliothèques, tous ces monuments qui donnent aux villes un aspect fastueux et rendent la vie urbaine si agréable, n'ajoutent rien de vraiment neuf aux formes d'architecture déjà inventées. En sculpture, on se complaît à des pastiches de l'art grec, classique ou archaïque. L'éloquence atticisante des rhéteurs de la Nouvelle Sophistique, imitée des grands anciens, rend un son creux. La conférence publique où se délectent Pline le Jeune, Hérode Atticus, Aristide, remplace le silencieux travail du vrai savant. Même les sommes mathématiques de Ptolémée et de Héron ou l'encyclopédie médicale de Galien ne constituent aucun progrès réel si ce n'est sur le terrain pédagogique, par l'ordonnance des matières et la clarté du plan. Le goût de l'époque pour les Introductions, les Manuels, les Lexiques, est de ce point de vue très significatif. Il semble que l'extension même de la culture ait marqué comme un arrêt de la recherche. Le temps des découvertes est passé : maintenant on vulgarise. C'est l'ère de l'école, de l'enseignement.

Il faut donc reconnaître que l'esprit scientifique fut alors en déclin ; ou plutôt la renaissance du IIe siècle n'a ralenti qu'en apparence le déclin commencé dès le Ier siècle avant notre ère, soit par une sorte d'épuisement des forces humaines, soit en raison des guerres continuelles depuis Sylla, probablement pour ces deux causes : sans doute c'est par un fait de guerre, quand César, en 47, assiège Alexandrie, que la bibliothèque du Musée est détruite ; mais d'autre part, les savants du Musée, depuis un bon demi-siècle, n'avaient rien produit qui vaille.

Or cette décadence de l'esprit scientifique eut pour corrélatif, comme il arrive souvent, un accroissement non pas tant de la vraie piété – car celle-ci peut fort bien s'accommoder, et de fait s'était fort bien accommodée, chez un Platon par exemple, avec la recherche scientifique, chacune restant en son domaine – que d'une exaltation de la piété, et comme d'une perversion de la piété, l'homme inclinant maintenant à demander à la divinité, sous forme de révélation personnelle, ce qu'il cherchait à obtenir auparavant par les seules forces de sa raison. Peu à peu l'ancien rationalisme grec qui, depuis les premiers Ioniens, avait libéré la pensée scientifique de la gangue du mythe et de l'apocalypse, cédait la place à une disposition bien différente où tout à la fois on se défiait de la raison et se confiait en des moyens de connaissance étrangers à la raison, – non pas que ces deux faits fussent la conséquence l'un de l'autre ; plutôt ils manifestaient ensemble une même démission de l'esprit.

À quoi doit-on l'attribuer ? D'où vient que le IIe siècle qui, redisons-le, fut une des périodes les plus heureuses de l'Antiquité, n'ait pas connu de vraie renaissance intellectuelle, que la vigueur, que la clarté de la pensée y continuent de déchoir, bref, qu'il n'ait pas correspondu à la grande prospérité matérielle dont le monde jouit alors une égale floraison de créations de l'esprit ?

On n'en peut accuser la guerre, comme au dernier siècle de la République romaine ou à partir de Maximin le Thrace. Sans doute, la guerre n'a pour ainsi dire jamais cessé. Trajan et Marc Aurèle ont passé la plus grande partie de leur vie dans les camps. Mais la guerre était reportée aux extrêmes bords de l'Empire : à l'intérieur de ces limites, le monde vivait en paix. Certainement, les professeurs d'Athènes ou d'Alexandrie n'étaient point troublés dans leur retraite. En eût-on le désir, rien n'était plus aisé que de changer de lieu. Les nouveaux sophistes sont toujours en voyage. Galien apprenant à Rome qu'on pratique la dissection à Alexandrie et qu'on y peut examiner un squelette s'y rend avec autant de facilité qu'un touriste moderne : il suffisait de prendre, à Ostie, son billet.

Faut-il incriminer la domination romaine ? Certes, si libres qu'elles fussent, les cités de l'Orient grec ne jouissaient plus du droit de décider dans les questions de paix et de guerre, d'alliances et de traités, bref en tout ce qui regarde la haute politique. Mais quand Rome conquit la Grèce, l'Asie Mineure, enfin la Syrie et l'Égypte, il y avait beau temps que les cités grecques avaient perdu ces droits souverains. Rome ne faisait qu'hériter des diadoques qui déjà, par des fictions diverses, avaient assimilé dans leurs royaumes ces organismes municipaux dont chacun, auparavant, constituait un État. Or cette soumission politique n'avait nullement empêché l'essor de la civilisation hellénistique. Ajoutons que la domination romaine, très bienveillante du moins sous l'Empire et particulièrement au IIe siècle, fut, pour les cités grecques, un bienfait : ce qu'elles gardaient d'autonomie en matière d'administration leur assura un développement inouï ; ce qu'elles avaient perdu, c'était le droit de s'épuiser en des luttes continuelles, comme elles n'avaient jamais cessé de faire au temps de leur entière indépendance.

Serait-ce donc « l'Oronte déversé dans le Tibre », cette invasion de Juifs, de Syriens, d'Égyptiens, qui apportaient avec eux l'esprit irrationnel, mystique, de l'Orient ? Au vrai, cette influence, qui fut grande, paraît plutôt un symptôme que la cause profonde du mal. Si haut qu'on remonte dans l'histoire de la pensée grecque, on la voit en contact avec l'Orient : mais c'est elle qui profite de ce contact. Elle emprunte, mais organise et met en œuvre ce qu'elle emprunte, et par conséquent domine, loin de se laisser assimiler. L'auteur de l'*Épinomis*, au IVe siècle avant notre ère, écrit ces mots admirables : « Prenons conscience que tout ce que les Grecs ont emprunté aux Barbares, ils le retravaillent et le mènent à un plus bel achèvement. Il faut donc penser de même touchant notre objet présent[50]. Sans doute il est dificile de découvrir la vérité d'une façon indiscutable en toutes ces questions nouvelles, mais il y a grande espérance, et c'est un bien bel espoir, que les Grecs sauront prendre un soin véritablement plus noble et plus juste de la doctrine qui nous vient des Barbares en ce qui regarde tous ces dieux (les astres) et du culte qu'ils leur adressent, car les Grecs ont à leur usage les enseignements et les oracles de Delphes, et toute la religion établie par les lois »[51]. D'où vient alors que, maintenant, ce rationalisme grec se renonce, que ce soit lui qui cède devant l'élément étranger, et qu'au lieu de s'en nourrir il finisse par s'y absorber ?

On est bien forcé de constater une diminution de vie dans l'hellénisme lui-même. Il est comme un corps blessé, qui a perdu beaucoup de sang. Cet affaiblissement a sans doute bien des causes : je n'en voudrais citer qu'une, qui tient, me semble-t-il, aux données essentielles du problème, c'est-à-dire au propre caractère de la pensée philosophique et scientifique chez les Grecs.

Ce qui a manqué surtout à la science grecque, comme d'ailleurs à la science humaine jusqu'aux temps modernes, c'est l'emploi de l'expérimentation. Or ce manque ne résulte point d'une sorte de nécessité historique. Bien avant Bacon et Pascal, l'homme eût pu découvrir l'utilité et le moyen d'expérimenter. Au vrai, le savant grec ni n'en éprouvait le désir ni n'en sentait le besoin. Son tour d'esprit était essentiellement déductif. C'est par un ordre de raisons tirées de la raison la plus haute qu'il entendait expliquer toute la figure du monde. Ces édifices dialectiques devaient tenir par eux seuls, sans qu'il y eût à les contrôler par le recours au donné concret. De là vient que, si l'antiquité a compté d'illustres mathématiciens, elle n'a point

50. La réception dans la science grecque de la doctrine chaldéenne des astres.
51. *Épinomis* 987 d 9-988 a 5.

eu de physique au sens actuel. De là vient aussi que le savant ancien a presque toujours incliné à rattacher la science à la philosophie première, c'est-à-dire à un système de raison pure, à une suite de déductions.

Or, sur le plan philosophique, le rationalisme grec s'est comme dévoré lui-même. Du fait précisément que la raison se donnait libre jeu sans rencontrer son frein normal dans une meilleure observation du donné concret, il était inévitable que cette même puissance dialectique, chez le Grec, particulièrement souple et subtile, qui avait servi à édifier servit aussi à ruiner l'édifice. Cette prodigieuse aventure, la pensée grecque, offre, au terme, le spectacle assez mélancolique d'une logomachie. Chaque secte avait ses dogmes, qui ne se pouvaient concilier avec les dogmes du voisin. Bien sûr, il s'agissait toujours de « sauver les phénomènes »[52], on partait toujours d'une observation. Mais on se contentait vite d'une observation assez rudimentaire, pour s'élancer aussitôt sur la voie de constructions nouvelles qui péchaient par les mêmes défauts que les précédentes, qu'on blâmait. Ainsi toutes les écoles s'accusaient-elles d'avoir mal observé les faits de base, on en revenait chaque fois au même problème, le problème de la connaissance sensible. Et ce problème à son tour était insoluble puisque tantôt l'on partait d'un donné insuffisamment appréhendé, et bâtissait donc sur du sable – c'était le cas, au dire des Sceptiques, des quatre écoles dogmatiques de l'Université d'Athènes, – tantôt, arguant des querelles qui opposaient les philosophes et de la relativité inhérente à toute perception sensible, on suspendait son jugement et déclarait ne rien savoir à la façon des Sceptiques.

Ce fait, l'un des plus importants sans doute de l'histoire humaine, plus important à coup sûr que les bouleversements

52. L'expression a pris naissance à l'école de Platon [...] : il s'agissait de trouver l'hypothèse la plus simple pour rendre compte de tous les faits observés [...].

politiques qui changeaient la face du monde, eut deux sortes de conséquences. Il en eut pour la science proprement dite. Et il en eut pour la pensée religieuse, la manière de concevoir Dieu, ses attributs, nos relations avec Lui, l'origine et la destinée de l'âme, notre comportement ici-bas durant cette vie éphémère.

Dans le champ des sciences exactes, l'attitude sceptique devait conduire les esprits réfléchis à une sorte de pessimisme touchant les théories générales, ce qu'on appellerait aujourd'hui la philosophie des sciences. On avait trop discuté, on était las des mots. Il ne restait que la technique, et, de fait, c'est à décrire des machines que s'emploie surtout Héron d'Alexandrie, cependant que la secte des médecins empiriques rejette tout principe pour ne considérer que les cas singuliers. Ou encore l'on pouvait rassembler toutes les inventions des anciens : le IIe siècle, on l'a vu, est l'ère des compilations et des manuels. Ou enfin l'on pouvait renoncer une bonne fois à tout effort de la raison pour se confier exclusivement à des inspirations surnaturelles et attendre d'une révélation divine ce qu'on obtenait autrefois par le patient labeur de la recherche [...].

La conséquence était plus grave en ce qui regarde les notions religieuses et les doctrines morales. Dans ces questions vitales, l'homme n'avait plus de règle. La religion impériale n'était qu'une manifestation de loyalisme ; elle n'avait rien qui pût combler le vide des âmes. Les cultes traditionnels avaient perdu cette forte emprise qu'ils exerçaient, par exemple, dans l'Athènes du Ve siècle, laquelle ressemblait à une Église. Chaque peuple avait eu ses dieux, chargés de conserver et de défendre le groupe humain qui les avait forgés. Tant que ce groupe humain prétendait vivre autonome, et se poser en s'opposant à ses voisins, les dieux faisaient corps avec lui. Mais la signification et le rôle des dieux locaux s'étaient singulièrement réduits depuis le jour où avaient disparu, du moins en tant que forces indépendantes, les diverses patries locales[53]. Davantage l'Empire, en fondant ces patries, avait fusionné leurs dieux. Isis n'est plus maîtresse de telle bourgade égyptienne : elle est Déméter et Cybèle, Junon et l'Aphrodite Syrienne, et l'Anaïtis de Perse, et même la Maia de l'Inde. Elle est myrionyme, tous les noms la désignent, elle assume toutes les fonctions. Le Soleil répand ses rayons sur toutes les parties du monde : il est donc Baal et ensemble Osiris, il est le Dieu Très-haut, Zeus, Sabazios, Jupiter Summus Exsuperantissimus, voire le Jahwé des Juifs. Alors, quel Dieu choisir ? Il y en a trop, ou bien ils se valent tous. Parmi tant d'objets qui se proposaient à l'adoration des hommes, lequel était le vrai Dieu ?

C'est la question que, vers le IIe ou le IIIe siècle de notre ère, posait un certain Théophile à l'Apollon de Claros : « Es-tu Dieu[54], ou est-ce un autre qui est Dieu ? » Comment trouver réponse à cette interrogation ?

On pouvait consulter les philosophes. Dès avant Socrate, bien des esprits réfléchis, en Grèce même ou dans la Grèce d'Asie, s'étaient posé le problème de la Cause Première, de l'Unité du Tout, des rapports de Dieu et du monde. Et depuis l'organisation des écoles philosophiques, c'est-à-dire depuis l'Académie tout au moins, la démarche la plus normale, si l'on voulait s'instruire en ces matières, ou si l'on éprouvait quelque trouble spirituel, était de suivre l'un des maîtres attitrés de sagesse. Écoutons donc Justin[55]. Lui aussi cherchait le vrai

53. Il ne s'agit pas ici de l'existence même des cultes locaux traditionnels. Ceux-ci ont naturellement continué à subsister, quelques-uns même reprenant, au IIe siècle, vigueur nouvelle [...]. Ce qu'on se demande, c'est ce que représentaient alors, pour les besoins de l'âme, ces cultes traditionnels. N'avaient-ils pas cessé, pour une grande part, d'être des forces excitantes pour l'âme individuelle le jour où l'individu n'avait plus reconnu en eux le symbole d'une cité au sens plein du mot ? N'entrait-il pas dans ces cultes beaucoup de convention ?

54. C'est-à-dire le *vrai Dieu :* qu'Apollon fût un dieu, c'est ce que tout païen savait du reste.

55. Martyrisé entre 163 et 167. Cf. *Dialogue avec Tryphon*, éd. Archambault, Paris, 1909.

Dieu. Et il s'était adressé aux philosophes puisque, comme il le dit lui-même (I, 3), « ils sont toujours occupés à parler de Dieu, à faire des recherches sur la monarchie et la providence divines, et que c'est là le propre rôle de la philosophie, enquêter sur le divin ». Il se rend d'abord auprès d'un stoïcien (II, 3), mais celui-ci ne sait rien de Dieu et lui déclare que cette science n'est pas nécessaire ; il le quitte pour un péripatéticien (II, 3), mais cet autre réclame un salaire avant de commencer les leçons ; il passe chez un Pythagoricien (II, 4) qui exige d'abord que son élève apprenne la musique, l'astronomie, la géométrie ; il suit enfin un platonicien (II, 6) dont la doctrine commence par l'enchanter si bien que, dans sa présomption, il conçoit l'espérance de voir Dieu face à face, « car telle est la fin de la philosophie de Platon ». Et alors, résolu à fuir les pas des hommes, il va se réfugier dans un lieu tranquille, sur le rivage de la mer, pour y méditer à loisir (III, 1) : c'est là qu'il rencontre le brave homme qui le conduira au Christ. Justin assurément n'est pas le seul qui ait demandé aux philosophes le secret de la vie heureuse, du Souverain Bien. Lucien rapporte d'autres exemples, soit qu'il décrive les sentiments qu'il éprouva lui-même après sa rencontre avec le platonicien Nigrinus[56], soit qu'il montre l'ardeur touchante d'un néophyte, Hermotime, qui aspire de toute son âme à l'Absolu[57]. Cet Hermotime sait que la route sera dure, qu'on n'arrive à la sagesse qu'après de longues années. N'importe, puisqu'il s'agit « ou d'être malheureux et de périr confondu avec une vile multitude ou de parvenir, par la philosophie, au Souverain Bien » (XX, 1). Cependant quel guide choisir ? Ils sont si nombreux ; et chacun se prétend le meilleur. Et l'on en vient à cette conclusion désabusée : « Ou il faut croire tous les philosophes ; ce qui est ridicule, ou il faut également s'en défier » (XX, 29).

56. III, *Nigrinus ou le portrait d'un philosophe.*
57. XX, *Hermotime ou les sectes.*

Dans ce grand trouble des esprits, bien des comportements étaient possibles. On pouvait accepter de bon gré le scepticisme ou, du moins, s'y résigner sans trop de peine. Telle est bien, semble-t-il, la disposition d'un Cicéron qui, hormis une crise assez brève d'angoisse et de mysticisme après la mort de sa fille Tullia, en 45, paraît s'être rangé naturellement à l'attitude agnostique de la Nouvelle Académie en ce qui touche l'Inconnaissable. Au Ier siècle de notre ère, Pline ramène l'idée de Dieu au service mutuel que les hommes se peuvent rendre. Au IIe siècle, Lucien fait figure d'ironiste bien assuré dans le scepticisme, et c'est avec une parfaite tranquillité d'âme que Sextus Empiricus poursuit son œuvre de démolition : il ne lui vient jamais en tête qu'à renverser ainsi tous nos modes de connaissance, il risque de mener au désespoir ; on ne voit pas la moindre inquiétude en ses écrits.

On pouvait encore se contenter d'une sorte de piété vague, indépendante de tout système métaphysique, et susceptible de s'allier à n'importe quel dogme d'école[58]. Rien n'est plus commun, à partir du Ier siècle avant notre ère, que cette religiosité diffuse, qu'il est de mode, sans preuves bien évidentes, de rattacher au nom de Posidonius, et où l'on s'adresse à une Âme universelle maîtresse de ce grand corps, le Monde, qu'elle anime, et subsistant le plus excellemment dans les astres dont les beaux mouvements réguliers en sont comme la manifestation visible, où aussi, persuadé que notre âme est une parcelle de l'Âme divine, on aspire, dès ici-bas, à se fondre dans ce Principe avant de s'y dissoudre à la mort. Cette attitude transparaît en maint texte : dans le *Songe de Scipion* où elle n'est, peut-être, qu'une fiction littéraire, chez Virgile, chez Manilius, chez Sénèque, dans le traité pseudo-aristotélicien *Sur le Monde*, traduit par Apulée, dans les écrits allégoriques de Philon d'Alexandrie. Au

58. Sauf, il est vrai, à l'épicurisme.

IIe siècle, c'est l'un des traits familiers de cette sagesse éclectique qui n'appartient précisément à aucune école, mais résulte de la même éducation reçue et fait partie du commun bagage de l'homme cultivé : Dion le Cynique, les stoïciens Épictète et Marc Aurèle, le platonicien Maxime de Tyr, l'astrologue Vettius Valens, l'auteur de l'*Asclépius* hermétique, le Pythagoricien Apollonius de Tyane tel que le dépeint Philostrate sont également pieux de cette façon-là.

On pouvait adopter enfin une troisième attitude. Puisque, sur l'existence et la nature de la divinité, sur la Providence, sur l'essence et le sort de l'âme, sur le Souverain Bien, sur la conduite de la vie, les philosophes n'apportaient que des réponses contradictoires, puisque même, à en croire certains, la seule recherche de tels problèmes était condamnée dès le principe en raison de l'insuffisance de nos moyens de connaître, ceux qui ne pouvaient, malgré tout, se passer de réponse, ces âmes, dont parle Justin (VIII, 2), « qui avaient souci d'elles-mêmes, qui tenaient à être sauvées et gardaient confiance en Dieu », allaient s'abreuver à d'autres sources et tentaient des voies nouvelles qui n'eussent point épuisé leur vertu. Par une réaction fatale, le rationalisme grec, ayant ruiné ses propres fondements, renvoyait à l'irrationnel, à quelque chose qui fût au-dessus, ou au-dessous, du moins en dehors de la raison, sur le plan de l'intuition mystique, ou des mystères théosophiques, ou des prestiges de la magie, parfois de tout cela ensemble. On était las infiniment de ces raisons qui ne servaient qu'à bafouer la raison. En attendant, il fallait vivre, donner un sens à la vie. Ce qu'on demandait dès lors, c'était un mot d'ordre, une autorité, une foi. Plus de démonstrations : on veut croire.

À un consultant qui sans doute l'interrogeait, comme Théophile, sur le vrai nom de Dieu, l'Apollon de Claros répond insi : « Qui est instruit des saints mystères doit tenir cachées les choses qu'on ne doit pas approfondir[59]. *Mais puisque ton intelligence est courte et ton jugement facile à renverser*, apprends que le Dieu qui surpasse tous les autres est Iao, qui, en hiver, est Hadès, Zeus quand le printemps commence, Hélios en été, à l'automne le *gracieux Iacchos* ». Vers le même temps, au IIe ou IIIe siècle, voici la réponse d'Apollon à ce Théophile qui lui demandait « es-tu Dieu ? » : « Il existe, résidant bien au-dessus de l'enveloppe supracéleste, un feu illimité, toujours en mouvement, Éternité sans bornes : *les bienheureux*[60] *ne peuvent le connaître, à moins que lui, Souverain Père, quand il en a ainsi jugé dans son conseil, ne se donne lui-même à voir* ». Et Justin résume en ces termes ce que lui dit le Chrétien auquel il avait conté son aventure spirituelle : « Il y eut, dans des temps très lointains, plus anciens que tous ces prétendus philosophes, des hommes heureux, justes, chéris de Dieu, qui parlaient par l'Esprit divin et rendaient sur l'avenir des oracles qui sont maintenant accomplis. On les appelle prophètes. Eux seuls ont vu et annoncé aux hommes la vérité... Leurs écrits subsistent maintenant encore, il est loisible à qui les prend en main, et leur accorde sa foi, d'en tirer le plus grand profit tant sur les principes que sur la fin, sur tout ce que doit connaitre le philosophe. *Car ce n'est point par démonstration qu'ils ont avancé leur propos : au-dessus de toute démonstration, ils sont les dignes témoins de la vérité* »[61].

Que ces textes sont significatifs et peignent bien l'état d'esprit nouveau ! L'intelligence humaine est courte, et sujette à l'erreur. Le Dieu suprême est inconnaissable. Aussi longtemps qu'il se tient caché, les dieux eux-mêmes, à plus forte raison les hommes, ne savent rien de lui. On ne le connait que s'il se révèle. Et cette révélation n'est pas de l'ordre du démontrable, mais de la foi.

59. Le sens est : « C'est contre mon gré que moi, qui sais, je te révèle ces choses ». Le dieu répugne à dévoiler de si profonds secrets. On a là un lieu commun de toute gnose.

60. C'est-à-dire les dieux.

61. *Dial. c. Tryph.*, VII, 1-2.

On cherchait donc une révélation, et, naturellement, une révélation qui eût autorité. Or Dieu seul parle bien de Dieu. Il fallait donc interroger Dieu, soit qu'il vous parlât à vous-même par ses oracles ou au cours d'une vision qu'on obtenait de lui, soit qu'on en crût ses prophètes qui avaient eu communication avec lui en un passé légendaire et qui avaient transcrit en de saints livres ce qu'ils avaient appris de Dieu. Ces prophètes auraient d'autant plus d'autorité qu'ils seraient plus éloignés – *maior e longinquo reverentia*. Plus éloignés dans le temps, car, plus on remonterait dans le passé, plus on se rapprocherait de cet âge d'or où les dieux venaient ici-bas converser avec les hommes, s'unissaient à des mortelles, engendraient des demi-dieux doués d'une sagesse surhumaine. Plus éloignés dans l'espace, et, dans ce cas, on irait chercher vers l'Orient, chez ces peuples « qui sont les premiers à voir se lever le Soleil » et auxquels il se communique d'une façon plus pure et plus immédiate, en ces pays aux temples millénaires dont les prêtres gardaient jalousement des secrets merveilleux et parlaient une langue dont les sons mêmes avaient de l'efficace, exerçaient un pouvoir magique dès là qu'on les prononçait.

Ici encore, les exemples abondent qui manifestent la vogue de ce courant mystique et prophétique aux premiers siècles de l'ère chrétienne. Marquons-en quelques traits, en commençant par la révélation indirecte, celle qui est transmise au moyen d'un livre.

Le renouveau du pythagorisme

C'est d'abord le renouveau du pythagorisme. Il semble que la foi en Pythagore ait grandi dans la mesure même où diminuait l'emprise du raisonnement. Quelques rencontres sont ici bien curieuses. Au temps même où Cicéron, disciple des sceptiques (Énésidème) et des probabilistes (Antiochus d'Ascalon), se plaît à opposer entre elles les doctrines théologiques des philosophes, Nigidius Figulus a réputation de pythagoricien, d'astrologue et de mage, et, au temps de Claude, les Pythagoriciens sont assez nombreux à Rome pour se faire construire, sous terre, un sanctuaire, la fameuse basilique de la Porta Maggiore. Au temps de Néron et de Domitien, alors que tant de grands seigneurs acceptent de mourir, comme Pétrone, en se jouant de la mort, le Pythagoricien Apollonius de Tyane, prophète et thaumaturge, prêche de ville en ville un évangile sans dogmes, le culte pur d'un Dieu pur, l'abstinence de certains aliments, surtout la foi en sa parole. Et quand enfin Sextus Empiricus rassemble dans les *Hypotyposes* et les *Skeptika* toutes les armes des sceptiques contre les arguments de la philosophie et de la science, son contemporain Philostrate, poussé par l'impératrice Julia Domna, compose, à la manière d'une vie de saint, la légende d'Apollonius, le nouveau Pythagore.

Ce qui faisait en effet la force du nouveau pythagorisme, c'est qu'il n'était pas une philosophie, un système cohérent de pensées sur Dieu, l'univers et l'homme. Il ne procédait pas par démonstration. C'était une Église, ou même un Ordre religieux, où l'on suivait aveuglément la parole d'un être inspiré qui ne visait pas à convaincre, mais voulait être cru. Toute discussion dans l'Ordre devait cesser quand retentissait la formule, devenue proverbiale, « le Maître a parlé » : *Autos epha*. Aussi bien ce sage n'était-il pas un dieu ? Le catéchisme pythagoricien contenait, entre autres questions : « Qu'est-ce que Pythagore ? » On répondait : « Le Pythien (Apollon) », ou « Apollon Hyperboréen », ou « Apollon Guérisseur » (*Paion*), ou « l'un des démons qui séjournent dans la Lune », ou « le fils d'Hermès ». De toute façon, la légende rapportait ses miracles, qui servaient de motif de crédibilité : comment ne pas donner sa foi à Pythagore dieu et sauveur, alors qu'il avait accompli de tels prodiges ?

On faisait donc courir sous son nom des livres saints, *hieroi logoi*, hymnes en l'honneur des nombres[62], traités arithmologiques, catéchismes surtout qui définissaient la nature des êtres, désignaient les choses ou les actions les plus parfaites en chaque ordre d'excellence, énonçaient des préceptes et des interdictions. La brièveté, le caractère autoritaire de ces réponses charmaient les esprits blasés, avides de croire. « Qu'est-ce que les Îles des Bienheureux ? » demandait-on par exemple. Réponse : « Le Soleil et la Lune ». On savait donc avec assurance qu'on irait, après la mort, habiter le Soleil ou la Lune : et c'était, pour l'âme, un grand repos. Ou encore : « Qu'est-ce que l'oracle de Delphes ? » Réponse : « La tétraktys », c'est-à-dire cette Harmonie qui, selon le serment pythagoricien, « était la source et la racine de l'éternelle Nature »[63]. On possédait avec ce simple mot l'explication de tout l'univers, la clé de tous les mystères. Qu'était-il besoin de chercher davantage ? Et pourquoi s'inquiéter encore des sceptiques ? L'Évangile de la « tétraktys » dépassait l'ordre de la raison. Si l'on demandait enfin : « Qu'est-ce que Pythagore ? », la réponse « Apollon » mettait un terme à toute hésitation qu'on pût avoir : il n'y avait plus qu'à croire. De même les devinettes : « Quelle est la chose la plus juste, la plus sage, etc. ? » offraient un programme de vie en formules lapidaires où la simplicité le disputait au mystère. On apprenait ainsi que la chose la plus juste est de sacrifier aux dieux ; la meilleure, d'avoir en soi un bon *daimon*, c'est-à-dire une âme vertueuse et bonne, ce qui faisait le bonheur (*eudaimonia*) ; la chose la plus vraie était cette vérité incontestable que les hommes sont méchants, et la chose la plus sacrée était la feuille de mauve, Dieu sait pourquoi. Il n'y

62. Les nombres ont valeur mystique et même s'identifient à des êtres divins selon le pythagorisme.

63. A. Delatte, [*Études sur la littérature pythagoricienne*, 1915,] pp. 249-268 et 276.

avait pas moins d'utilité dans les commandements et les défenses. On savait désormais ce qu'on avait à faire ou à éviter pour être sauvé, tous les devoirs qui concernent le manger et le boire, la procréation, le culte de Dieu, l'examen de conscience, jusqu'à la manière d'entrer dans les temples (du pied droit) et d'en sortir (du pied gauche), jusqu'à la défense de rompre le pain ou de toucher un coq blanc. C'était là un mélange inouï de tabous venus du fond des âges, d'observations d'hygiène, de conseils de direction morale et spirituelle. Et cependant on gardait jalousement ces aphorismes comme des secrets d'initiés, on jurait de ne les point livrer. Et de pieux conventicules assemblaient les fidèles, vêtus de lin pur, en des salles toutes blanches et décorées de scènes allégoriques, pour prendre part à des cérémonies où l'on s'enivrait de symboles.

Comme toutes les religions vivaces, le pythagorisme fit des conquêtes. Il s'annexa les deux forces principales de la culture grecque, Homère le prince des poètes, Platon le prince des philosophes.

Les Grecs n'avaient jamais eu de livre saint au sens où les Hébreux avaient la Bible. Mais ils possédaient un texte qui jouissait du double prestige d'une antiquité vénérable et d'une forme éblouissante. Récits de combats et d'aventures imaginés pour réjouir les féodaux d'Ionie, l'*Iliade* et l'*Odyssée* avaient enchanté, depuis leur naissance, d'innombrables générations. Achille, Hector, Priam, Andromaque, ces noms étaient les premiers que l'enfant apprît à l'école. La gloire d'Achille avait suscité maint héros. Bien des traits de l'âme antique ne se comprennent que si l'on sait apprécier le rôle de ces poèmes dans l'éducation gréco-romaine. Or il y avait chez Homère de quoi choquer les dévots. Et sans parler de ces contes où le poète sourit des dieux, il va de soi qu'Homère n'avait point eu dessein de composer une Sainte Écriture. Quand, aux premiers siècles de notre ère, l'homme inquiet, défiant de la raison, se prit à rechercher une parole écrite qui pût servir d'oracle pour la vie, on songea tout naturellement à ces textes séculaires. Il fallut donc les interpréter dans un sens édifiant. Et c'est ainsi que naquit, parallèlement aux apocryphes pythagoriciens et dans les mêmes milieux, une littérature d'exégèse allégorique où Homère devait prendre enfin son vrai visage, devenir un prophète à l'instar de Pythagore et d'Apollonius. Le plus fameux de ces ouvrages d'exégèse est le traité *Sur l'antre des nymphes* de Porphyre. Mais il fut précédé de beaucoup d'autres, dont on retrouve la trace dans la *Vie d'Homère* du pseudo-Plutarque.

Il était plus facile encore de pythagoriser Platon. N'était-il pas l'élève de Pythagore, mêlant les enseignements de Socrate à ceux du sage de Samos ? N'avait-il pas pythagorisé lui-même quand il comparait le corps à une prison ou à une tombe, le monde à une caverne, Dieu à un bon berger, et dans ces mythes eschatologiques du *Gorgias*, du *Phédon*, de la *République* et du *Phèdre* où il décrivait le sort de l'âme après la mort ? Bien plus, dans le *Timée*, ne s'était-il pas inspiré directement des doctrines de l'École jusque-là que, disait-on, il aurait plagié l'ouvrage d'un Pythagoricien, peut-être Philolaos, peut-être Pythagore lui-même ? Or, de tous les écrits de Platon, c'est le *Timée* que l'antiquité tenait en plus haute estime, et qu'elle lisait le plus ; beaucoup même ne connaissaient Platon que par ce dialogue, qui suffisait à tout. N'y trouvait-on pas comme une somme de tout ce qu'il fallait savoir sur l'origine et l'organisation du monde, l'essence de l'âme, la nature des corps ? Cosmogonie, cosmologie, physique, science de l'âme et sciences naturelles, tout était rassemblé dans ce livre au ton dogmatique, qui passait presque pour inspiré. Dès les débuts de l'Académie, il suscitait des discussions, des commentaires. Aux Iᵉʳ et IIᵉ siècles, le plus célèbre de ces commentaires était celui de Posidonius d'Apamée : Chalcidius encore (IVᵉ siècle) et Proclus (Vᵉ) y feront des emprunts. Si donc le *Timée* de Platon dérivait du pythagorisme, c'est tout

Platon qu'on annexait d'un coup. Le plus fameux philosophe était réduit au rôle de disciple du seul Maître qui comptât.

Les prophètes de l'Orient

Pythagoriser Platon, c'était bien : c'était déjà le couronner de l'auréole du prophète. Mais pourquoi s'arrêter dans cette voie ? Si toute doctrine prenait d'autant plus d'autorité qu'elle revêtait un caractère de révélation et que cette révélation tirait son origine d'un plus lointain passé, ne fallait-il pas remonter, au-delà de Pythagore, jusqu'à des sagesses plus proches encore du divin et qui, pour ainsi dire, n'avaient plus d'âge ? « Platon est-il autre chose que Moïse atticisant ? » demande le Pythagoricien Numénius d'Apamée, au IIe siècle[64]. Et, dans un autre passage de son traité *Sur le Bien*, il écrit ces lignes typiques : « Pour traiter du problème de Dieu, il ne faudra pas seulement s'appuyer sur les témoignages de Platon, mais reculer plus au-delà et lier ses affirmations aux enseignements de Pythagore, que dis-je, en appeler aux peuples de beau renom, conférant leurs initiations, leurs dogmes, leurs cérémonies cultuelles qu'ils accomplissent en plein accord avec les principes de Platon, tout ce que les Brahmanes, les Juifs, les Mages et les Égyptiens ont établi »[65]. Vers le même temps que Numénius, environ 200 de notre ère, un autre Syrien d'Apamée, un certain Alcibiade, vient à Rome porteur du livre de la révélation d'Elchasaï, laquelle, imprégnée d'astrologie, se prétendait d'origine parthe. Or cet Alcibiade répétait aux futurs initiés, avant de leur transmettre les secrets mystères : « Ne lisez pas ce livre devant tous, gardez jalousement ces préceptes... Les sages d'Égypte dans leurs temples n'en ont pas connu de si grands, ni Pythagore, le sage des Grecs »[66].

64. Fr. 10, p. 130. 22 Leemans.
65. Fr. 9 a, p. 130. 8 sqq. Leemans [...].
66. Hippolyte, *Refutatio omnium haeresianum*, IX, 17, 1, p. 255. 8-12 Wendland.

Nous voici à la dernière étape de la révélation livresque. Ici tous les éléments sont réunis, qui conspirent à fortifier l'autorité du texte : et l'Antiquité la plus haute, et l'éloignement dans l'espace, et le caractère proprement inspiré du message, puisque le sage oriental n'est jamais que l'instrument d'En-Haut, le scribe qui se borne à transmettre une parole révélée.

Le mirage oriental avait toujours séduit les imaginations de la Grèce. Aux premiers siècles de l'ère chrétienne, les esprits dégoûtés et peu à peu déshabitués du rationalisme grec s'abandonnent avec délices à l'influence étrangère. L'idée règne que les Barbares possèdent sur la Divinité des notions plus pures et plus essentielles, non qu'ils fassent meilleur usage de la raison que les Hellènes, mais, bien au contraire, parce que, négligeant la raison, ils obtiennent, par des voies plus secrètes, de communiquer avec Dieu. C'est plus qu'une mode littéraire : le monde gréco-romain est comme en stupeur. Pythagore, dit Hippolyte[67], fut « stupéfait » **[...]** de la sagesse des Égyptiens. Le mot exprime à merveille l'état d'âme de l'époque.

Les témoignages sont innombrables. Je n'en choisirai qu'un petit groupe où, sans me soucier des doctrines mêmes, et sans me demander jamais si ces doctrines orientales, telles que les Grecs les définissent, sont bien conformes à la pensée génuine des sages de l'Est (Zoroastre, le Bouddha, etc.), je noterai seulement les lieux communs qui trahissent la mode nouvelle.

1) « Tout ce qu'ont établi les Brahmanes, les Juifs, les Mages et les Égyptiens », dit Numénius d'Apamée. On se plaît à cette suite de noms évocateurs. Diogène Laërce (IIIe siècle) ouvre ses *Vies des philosophes* (*Prooem.* I, 1) par ces paroles : « D'aucuns veulent que la philosophie ait commencé par les Barbares : il y a eu en effet les Mages chez les Perses, les Chaldéens chez les Babyloniens ou Assyriens, les Gymnosophistes dans l'Inde,

67. *Refutatio*, I, 2, 18, p. 8. 22 Wendland **[...]**.

les Druides chez les Celtes et les Galates ». Or Diogène n'invente rien. Il se réfère ici à Sotion d'Alexandrie, contemporain de Ptolémée Philométor, et à un *Traité du Mage* attribué à Aristote, mais qui est sans doute du péripatéticien Antisthène de Rhodes (IIe s. av. J.-C.). On retrouve la même tétrade – Égypte, Chaldée, Perse, Inde – ou des séries analogues à propos des études de Pythagore, des voyages d'Apollonius, des aventures de Cyprien le Magicien, chez Porphyre qui compare la piété des Orientaux (Brahmanes de l'Inde, Mages de Perse[68]) à celle des théologiens les plus consommés de la Grèce, chez Arnobe où ils témoignent de la nature du vrai Dieu, chez Saint Jérôme dans une liste de peuples qui philosophent, chez Saint Augustin où ils entrent en ligne, avec les Barbares occidentaux, dans l'argument du consentement universel.

2) En effet ces peuples, d'une antiquité proverbiale, sont les initiateurs de la philosophie. Cette fable qui paraît née, sous Platon encore, à l'Académie et avoir passé de là, dès le IIIe siècle, aux écoles d'Alexandrie, fournit l'un des lieux communs les plus en vogue sous l'Empire. Diogène Laërce en témoigne, nous l'avons vu, dès le seuil des *Vies des philosophes*, dans ce petit traité « De l'invention de la philosophie » [...] qui occupe les paragraphes 1 à 12 de la Préface. Il énonce d'abord la thèse de la priorité des Barbares (1-2), que d'ailleurs il n'accepte pas lui-même (3-5), puis décrit brièvement la philosophie des Gymnosophistes et des Druides (ici associés), plus longuement celle des Chaldéens et Mages (6-9), enfin celle des Égyptiens (10-12). Les autorités auxquelles il se réfère montrent une tradition déjà longue. Au vrai, parmi les partisans de la priorité des Barbares, on ne s'accordait pas sur le premier initiateur : Égypte, Perse, Inde ou Judée, à qui reviendrait la palme ? Les Égyptiens avaient longtemps passé pour les sages les plus

68. Manquent Égyptiens et Chaldéens.

anciens. C'est dans leurs temples que toute science, divine ou humaine, était née d'abord. Bien plus, c'est un de leurs dieux qui avait « inventé » la philosophie : Thoth par exemple, Hermès pour les Grecs [...], et les stèles d'Hermès, que Pythagore et Platon, disait-on, avait lues, subsistaient encore au temps de Jamblique ; ou bien Arnébeschènis, ou Ptah, fils du Nil : et l'on fixait la date, 48 863 ans avant Alexandre. Cependant, alors que, disciple encore de Platon, il suivait l'engouement général de l'Académie pour les Mages, Aristote, dans le Ier livre du traité *Sur la philosophie*, donnait la palme aux Mages « qui auraient été beaucoup plus anciens que les Égyptiens »[69]. De nouveau, on calculait. Zoroastre avait vécu, selon Hermodore le platonicien, 5 000 ans avant la guerre de Troie, selon Xanthos le Lydien, 6 000 ans avant Xerxès, selon Eudoxe et Aristote (toujours l'Académie), 6 000 avant Platon. Ces trois chiffres concordaient à peu près, mais ne correspondaient guère à ceux des Égyptiens. On établissait des généalogies. Les Gymnosophistes (Inde) étaient les descendants des Mages, ayant eux-mêmes pour descendants les Juifs. Ainsi parle Flavius Josèphe[70] : « Les Juifs sont les descendants des philosophes de l'Inde : à ce qu'on dit, les philosophes sont nommés Kallanoi chez les Indiens, Judéens chez les Syriens, ce nom leur étant venu du pays qu'ils habitent ». Mais comment concilier cette descendance des Judéens avec la prétention, si courante chez les auteurs juifs et si souvent répétée par les Chrétiens, que la Bible contenait la sagesse toute primordiale, puisque la Bible, comme on le voit par la Genèse, est aussi ancienne que le monde même ? Zoroastre devait être un disciple d'Abraham, et c'est ce même Abraham qui avait enseigné aussi l'astrologie au roi Pharéthonès d'Égypte. Mais l'Inde, à son tour, n'allait-elle pas revendiquer la priorité ? On racontait donc que Zoroastre

69. Aristote, fr. 6 Rose².
70. *Contre Apion*, I, 22, 179.

avait appris ses secrets des Brahmanes. Dans sa conversation avec le sage Iarchas, Apollonius de Tyane apprend que les Brahmanes ont enseigné la métempsycose aux Égyptiens, qui l'ont transmise à Pythagore et celui-ci aux Grecs. Ce sont les Indiens qui ont « inventé » la sagesse. Ne dit-on pas que Lycurgue est allé chez eux et s'est entretenu avec les Gymnosophistes ?

3) Quoi qu'il en soit de ces querelles, c'était un fait certain : la philosophie des Barbares était infiniment plus antique et plus vénérable que celle des Grecs. D'où la conclusion inévitable : c'est chez les Barbares que devaient s'être instruits les premiers philosophes de la Grèce. Bien mieux, toute la civilisation grecque n'était qu'un emprunt aux Barbares. Selon Diodore de Sicile, les prêtres égyptiens tiraient des registres de leurs temples ce renseignement qu'Orphée, Musée, Mélampous, Dédale, Homère, Lycurgue, Solon, Platon, Pythagore, Eudoxe, Démocrite, Œnopide étaient venus en Égypte. Lycurgue, Solon, Platon y auraient emprunté leurs lois, Pythagore y aurait appris ce qui concerne le *hiéros logos*, les théorèmes de la géométrie, la science des nombres, voire la métempsycose. La légende, qui n'est pas neuve, circule dans toutes les doxographies hellénistiques. Thalès, le premier philosophe ionien, avait étudié en Égypte. On citait même une prétendue lettre de Thalès à Phérécyde où il disait être allé en Égypte avec Solon pour y converser avec les prêtres et les astrologues. Mais c'est surtout au sujet de Pythagore et de Démocrite qu'on répandait le dogme de l'emprunt aux Barbares, et c'est avec ces exemples que la fable prenait tout son sens. Car Pythagore, on l'a vu, c'était le Sage inspiré, quasi divin, un autre Apollon, dont la moindre parole avait valeur d'oracle. Et Démocrite, sous l'Empire, n'est pas tant l'inventeur de l'hypothèse des atomes que le maître ès sciences occultes auquel on rapportait toutes sortes d'apocryphes, forgés en Égypte, sur les vertus magiques des plantes et des pierres, l'auteur des *Physika* et *Mystika*, d'un livre sur les « Sympathies », d'ouvrages d'alchimie, le « philosophe » au sens où le mot se prend alors, c'est-à-dire le prophète d'une doctrine ésotérique, l'astrologue et le mage.

Que Pythagore fût venu en Égypte, c'était déjà une notion familière au Vᵉ siècle : du moins Hérodote indique-t-il les ressemblances entre les usages sacerdotaux des Égyptiens et ceux des Orphiques et des Pythagoriciens (II, 81). Un siècle plus tard, Isocrate (*Busiris* 28) déclare que Pythagore a tiré d'Égypte sa philosophie et sa connaissance des saints rites, toutes sciences qu'il a fait connaître, lui le premier, à la Grèce. Il est probable qu'ensuite les milieux alexandrins contribuèrent amplement à répandre la fable. En tout cas, à partir de l'ère chrétienne, elle court partout. On la trouve chez Hippolyte[71] : « Pythagore a appris des Égyptiens les nombres et les mesures, et stupéfait de la sagesse digne de foi, spécieuse et difficile à communiquer des prêtres d'Égypte, dans un désir d'émulation il a prescrit lui aussi la loi du silence et enjoint, à qui veut apprendre, de méditer en repos dans des temples souterrains » ; chez Clément d'Alexandrie[72] : « Platon a emprunté à Pythagore la doctrine de l'immortalité de l'âme, et Pythagore aux Égyptiens ». Clément connaît même le nom du maître de Pythagore : c'est l'archiprophète Sônchis. Cependant Pythagore ne s'est pas borné à l'Égypte, on veut aussi qu'il se soit rendu auprès des sages de l'Asie antérieure. Dès le IVᵉ siècle, on le faisait disciple de Zaratas (Zoroastre) s'il faut en croire Aristoxène de Tarente, l'élève d'Aristote : Pythagore était allé visiter Zaratas le Chaldéen qui lui aurait exposé la doctrine des deux principes. C'est Zaratas également qui lui aurait enseigné le respect religieux de la fève. Au Iᵉʳ siècle avant J.-C., Alexandre Polyhistor, dans son traité sur les *Symboles pythagoriques*,

71. I, 2, 18, p. 8. 21 Wendland.
72. *Stromates*, VI, 2, 27, 2.

rapporte que Pythagore a suivi les leçons de Zaratas l'Assyrien, et même des Galates et des Brahmanes. Les biographies postérieures (Porphyre, Jamblique) concilient le mieux du monde ces données : Pythagore est allé partout. Selon Porphyre (*v. Pyth.* 6), il a appris les sciences mathématiques des Égyptiens, Chaldéens et Phéniciens : en effet, depuis des temps très anciens [...], les Égyptiens s'adonnent à la géométrie, les Phéniciens à la science des nombres et des calculs, les Chaldéens à la contemplation des choses célestes. Quant aux purifications, au culte des dieux et aux préceptes sur la conduite humaine, Pythagore les a reçus des Mages. Selon Jamblique[73], Pythagore visite d'abord, en Syrie, les descendants du prophète « physiologue » Môchos et les hiérophantes de Phénicie, et il participe à toutes les initiations de Byblos et de Tyr ; il passe de là en Égypte où il séjourne vingt-deux ans dans les temples, s'adonnant à l'astronomie, à la géométrie et aux mystères ; puis il va à Babylone où il fréquente les Mages. Ainsi Pythagore a-t-il fait la synthèse de tout ce qui regarde la philosophie divine et le culte des dieux, ayant appris des Orphiques, des prêtres d'Égypte, des Chaldéens et des Mages, sans parler des initiations de la Grèce. Égypte, Phénicie, Chaldée, Perse, Inde, tous les pays d'Orient ont donc contribué à la sagesse du Maître. Fallait-il que les Juifs fussent oubliés ? Non pas. Suivant Aristobule, Pythagore et Platon tiennent de Moïse (identifié à Musée) leurs doctrines.

[...]

Ces fables peuvent varier d'aspect, leur « morale » est partout la même : c'est l'Oriental qui triomphe [...].

D'où vient alors cette supériorité des clergés orientaux ? D'où vient que, de toute antiquité, ils tiennent la clé des mystères ? Quelque peuple barbare qu'on considère, il est aisé de voir pourquoi il l'emporte sur le Grec : prêtres d'Égypte,

73. *Vita Pythagorica*, 3 (14), p. 10, 18 sqq. Deubner.

confrères juifs, mages et Gymnosophistes mènent également une vie pure, ce qui les rapproche de Dieu. Ce sont là ces « voies plus intimes » (*interiores artes*) qui, au dire d'Arnobe, permettent aux Orientaux de *voir* et de connaître le vrai Dieu.

Bibliographie sélective

1. *Textes*

Delatte, A. : *La Vie de Pythagore de Diogène Laërce*, édition critique avec introduction et commentaire, Bruxelles 1922.

Dumont, J.-P. (éd.) : *Les Présocratiques*, Paris 1988.

Goulet-Cazé, M.-O. (éd.) : *Diogène Laërce. Vies et doctrines des philosophes illustres*, traduction française avec introductions et notes, Paris 1999.

Jamblique : *Protreptique*, texte établi et traduit par É. des Places, Paris 1989.

—, *Vie de Pythagore*, introduction, traduction et notes par L. Brisson et A.-Ph. Segonds, Paris 1996.

Photius : *Bibliothèque*, t. VII, codex 249, texte établi et traduit par R. Henry, Paris 1974, pp. 126-134.

Porphyre : *Vie de Pythagore*, texte établi et traduit par É. des Places, avec un appendice d'A.-Ph. Segonds, Paris 1982.

Thesleff, H. : *The Pythagorean Texts of the Hellenistic Period*, Åbo 1965.

Thom, J. C. : *The Pythagorean "Golden Verses"*, traduction et commentaire, Leyde 1995.

2. *Études*

a. Sur Pythagore et sur les Vies

Delatte, A. : *Études sur la littérature pythagoricienne*, Paris 1915.

Festugière, A.-J. : « Les *Mémoires pythagoriques* cités par Alexandre Polyhistor », *Revue des études grecques* 58, 1945, pp. 1-65, repris dans *Études de philosophie grecque*, Paris 1971, pp. 371-435.

— « Sur le "De Vita Pythagorica" de Jamblique », *Revue des études grecques* 50, 1937, pp. 470-494, repris dans *Études de philosophie grecque*, Paris 1971, pp. 437-461.

Gobry, I. : *Pythagore*, Paris 1973.

Goulet, R. : « Les Vies de philosophes dans l'Antiquité tardive » dans *Études sur les Vies de philosophes de l'Antiquité tardive. Diogène Laërce, Porphyre de Tyr, Eunape de Sardes*, Paris 2001, pp. 3-63, reprend « Les Vies de philosophes dans l'Antiquité tardive et leur portée mystérique » dans F. Bovon (éd.), *Les Actes apocryphes des apôtres. Christianisme et monde païen*, Genève 1981, pp. 161-208, et « Histoire et mystère. Les Vies de philosophes de l'Antiquité tardive » dans *La Biographie antique. Entretiens sur l'Antiquité classique* 44, Vandœuvres/Genève 1998, pp. 217-265.

— « Phérécyde, disciple de Pittacos ou maître de Pythagore ? » dans *Études sur les Vies de philosophes de l'Antiquité tardive. Diogène Laërce, Porphyre de Tyr, Eunape de Sardes*, Paris 2001, pp. 137-144.

Lévy, I. : *Recherche sur les sources de la légende de Pythagore*, Paris 1926.

b. Sur la doctrine pythagoricienne. Sur ses ramifications tardo-antiques

Brunschvicg, L. : *Le Rôle du pythagorisme dans l'évolution des idées*, Paris 1937.

Burkert, W. : *Lore and Science in Ancient Pythagoreanism*, Cambridge Mass. 1972, traduction anglaise révisée de

Weisheit und Wissenschaft : Studien zu Pythagoras, Philolaos und Platon, Nuremberg 1962 [l'ouvrage fondamental sur le pythagorisme].

Caveing, M. : *La figure et le nombre. Recherches sur les premières mathématiques des Grecs*, Villeneuve d'Ascq 1997.

Chaignet, A. E. : *Pythagore et la philosophie pythagoricienne*, Paris 1874.

Ghyka, M. C. : *Le Nombre d'or : rites et rythmes pythagoriciens dans le développement de la civilisation occidentale, précédé d'une lettre de Paul Valéry*, Paris 1931.

Guthrie, W. K. C. : *The Earlier Presocratics and the Pythagoreans*, Cambridge 1977.

Kucharski, P. : *Étude sur la doctrine pythagoricienne de la Tétrade*, Paris 1952.

Mattéi, J.-F. : *Pythagore et les Pythagoriciens*, Paris 1993 [une bonne introduction].

Michel, P. H. : *De Pythagore à Euclide*, Paris 1950.

O'Meara, D. J. : *Pythagoras Revived. Mathematics and Philosophy in Late Antiquity*, Oxford 1989.

Robbins, F. E. : « Posidonius and the Sources of Pythagorean Arithmology », *Classical Philology* 15, 1920, pp. 309-322.

— « The Tradition of Greek Arithmology », *Classical Philology* 16, 1921, pp. 97-123.

Vogel, C. J. de : *Pythagoras and Early Pythagoreanism*, Assen 1966.

Zhmud, L. : *Wissenschaft, Philosophie und Religion im frühen Pythagoreismus*, Berlin 1997.

c. Sur ses aspects religieux et son rôle dans la religion grecque

Brisson, L. : « Usages et fonctions du secret dans le pythagorisme ancien » dans *Orphée et orphisme dans* *l'Antiquité gréco-romaine*, Aldershot 1995.

Bruit-Zaidman, L. : « La piété pythagoricienne et l'Apollon de Délos », *Métis* 8. 1-2, 1993, pp. 261-269.

Burkert, W. : « Craft versus Sect : the Problem of Orphics and Pythagoreans » dans B. F. Meyer et E. P. Sanders (éds.), *Self-Definition in the Graeco-Roman World*, III, Londres 1982, pp. 1-22.

Carcopino, J. : *La Basilique pythagoricienne de la Porte Majeure*, 1927.

— *De Pythagore aux apôtres : études sur la conversion du monde romain*, Paris 1956.

Détienne, M. : *La Notion de « daïmon » dans le pythagorisme ancien*, Paris 1963.

— « La cuisine de Pythagore », *Archives de sociologie des religions* 29, 1970, pp. 141-162, repris avec quelques modifications dans le chapitre « Le bœuf aux aromates » dans *Les Jardins d'Adonis : la mythologie des aromates en Grèce*, Paris 1972, pp. 69-114.

Kingsley, P. : *Ancient Philosophy, Mystery, and Magic : Empedocles and Pythagorean Tradition*, Oxford 1995.

Rohde, E. : *Psyché : le culte de l'âme chez les Grecs et leur croyance à l'immortalité*, traduit de l'allemand par A. Reymond, Paris 1928 [Tübingen 1890/1925[10]].

Rougier, L. : *La Religion astrale des Pythagoriciens*, Paris 1959.

d. Sur les communautés et la politique pythagoriciennes

Delatte, A. : *Essai sur la politique pythagoricienne*, Liège/Paris 1922.

— *La Constitution des États-Unis et les Pythagoriciens*, Paris 1948.

Flinterman, J. J. : *Power,* Paideia *and Pythagoreanism : Greek*

Identity, Conceptions of the Relationship Between Philosophers and Monarchs and Political Ideas in Philostratus' Life of Apollonius, Amsterdam 1995.

FRITZ, K. VON : *Pythagorean Politics in Southern Italy*, New York 1940.

VAN DER WAERDEN, B. L. : *Die Phythagoreer. Religiöse Bruderschaft und Schule der Wissenschaft*, Zurich/Munich 1979.

Table des matières

*Ce volume,
le neuvième de la collection
« Aux sources de la tradition »
publié aux Éditions Les Belles Lettres
a été achevé d'imprimer
en avril 2007
dans les ateliers
de l'imprimerie Jouve
11, bd de Sébastopol, 75001 Paris*

*N° d'éditeur : 6551
N° d'imprimeur : 424760F
Dépôt légal : juin 2007*

Imprimé en France